Jochen A. Veeser

Geboren in den 30ern

Oh je, wie doch die Zeit vergeht!

Wir Kriegskinder ...

... aber dann ging's wieder aufwärts

HERKULES VERLAG

Bildnachweis:

Wir danken allen, die uns Bildmaterial zur Verfügung gestellt haben, recht herzlich für ihre Unterstützung.

Helga Mehl (Seiten 15, 19 oben, 43 oben, 59 und U4)
Herkules Verlag (Seiten 18, 20, 26, 33, 35, 54, 68, 76 links und Titel unten)
Heinz Weber (Seiten 45, 64)
Redaktion „Chemie in unserer Zeit“ (Seite 55)
Regine Spruth (Seiten 72, 76 rechts)
Alle anderen Vorlagen: Archiv Jochen A. Veeser

5. Auflage 2009

Druck und Buchbinderische Verarbeitung:
Druckerei Steinmeier GmbH, Deiningen

34128 Kassel, Richard-Strauß-Straße 33
Telefon (0561) 9 37 17 38
ISBN 3-937924-20-5
www.herkules-verlag.de

Inhalt

In den Dreißigern geboren

Kindheit und Jugend zwischen Diktatur und Demokratie

Hineingeboren in ein Jahrzehnt gewaltiger politischer Veränderungen wuchsen wir auf zwischen trügerischem Frieden, Dämagogie und Krieg – doch wir schlummerten selig in **hochbordigen Kinderwagen** oder **Weidenkörben** und blickten mit großen Augen und staunend in eine Welt, die es zu erkunden galt. Was interessierte uns der sensationelle **Sieg des Boxers Max Schmeling** 1936 über den „Braunen Bomber" Joe Louis – wir setzten uns, gerade eingeschult, handfest mit unseren Klassenkameraden auseinander oder trommelten unwillig auf unserem Kinderstühlchen herum, wenn wir den ach so gesunden, jedoch verhassten **Spinat** nicht essen wollten – oder waren noch gar nicht geboren. Was scherte uns der **Medaillenregen bei der Olympiade** im selben Jahr in Berlin – wir waren glücklich, dass wir die ersten Schritte ohne Hilfe quer durchs Zimmer in die Arme von Mama geschafft hatten oder spielten „Fangen" oder kletterten über Stock und Stein. Was gingen uns die Glanzleistungen im Automobil- und Flugzeugbau an – wir waren fasziniert von unserem **Schaukelpferd**, dem ersten **Spielzeugauto aus Blech** oder der **Puppenstube** und erforschten die kleine Welt und die Menschen um uns herum. Dass Väter, ältere Brüder oder Onkels plötzlich in braunen oder schwarzen Uniformen daherkamen und schneidig und ehrfürchtig von einem redeten, den sie **„Führer"** nannten oder andere ängstlich und nur hinter vorgehaltener Hand ihre Besorgnis mit Freunden austauschten, bekamen wir, zumindest die zu Beginn der Dekade Geborenen, zwar am Rande mit, doch wir verstanden nicht, was vor sich ging um uns herum. Dann fiel das Wort **„Krieg"** und unsere bis dato heile Welt begann zu wanken. Wir haben das Inferno, das dieses Wort bedeutet, überstanden wie auch die schwere Zeit danach mit **Hunger, Kälte** und **Wohnungsnot**. Langsam, dann immer schneller ging es aufwärts und es folgte eine rasante Entwicklung bis zum heutigen Tage.

Nun blicken wir zurück auf jene Zeit und **erinnern uns** an längst Vergangenes. Dass jeder von uns, ob in München oder Flensburg, Köln oder Dresden geboren diese anders erlebt hat, liegt in der Natur der Sache. So kann und soll dieser Band Ihnen, liebe Leserin, lieber Leser, nur als **Anregung** dienen, in Ihren **eigenen Erinnerungen** zu graben.

Jochen A. Veeser

Spinat auf Papas Hemd

Bäuerchen machen, volle Windeln und die ersten Geschäfte

Als die Wehen ihrer Tochter Johanna stärker wurden und in immer kürzeren Wellen anrollten, nahm die Großmutter in spe mit der Ruhe der Erfahrenen das Heft in die Hand. Sie hieß Wilhelmine, wurde aber von allen nur liebevoll „Minchen“ genannt und hatte bereits Unmengen von weißen Tüchern um die werdende Mama ausgebreitet. Außerdem dampften eine Anzahl von Töpfen mit heißem Wasser auf dem Küchenherd vor sich hin. Auch nach der **Hebamme** hatte Minchen schon rufen lassen. Sollte es Komplikationen geben, nun, der **Hausarzt** wohnte nicht weit entfernt. Eine Geburt im Krankenhaus? Nur im äußersten Notfall. Die Hausgeburt war die Regel.

Kaum war die Hebamme da und hatte ihre Tasche ausgepackt, hielt es den Winzling nicht mehr zurück und er drängte mit aller Macht ans Licht der Welt. Ein Klaps auf den Po, **der erste Schrei**: das immer wieder einzigartige Wunder der Geburt eines neuen Erdenbürgers war geschehen.

Es war der Abend des 20. April 1930. Vater Konrad saß derweil in der Kneipe um die Ecke und zerkaute nervös den Stiel seiner Pfeife. Sein Schwiegervater Gottlieb und ein paar Arbeitskollegen standen um ihn herum und redeten beruhigend auf ihn ein. „Wird schon gut gehen“, meinte einer und klopfte ihm freundschaftlich auf die Schulter, „hast ja ’ne gestandene junge Frau. Die bringt dir gewiss ’nen kräftigen **Stammhalter** zur Welt.“

Grünes Muster auf der Tapete

Und so war es dann auch. Keine halbe Stunde später war er da. 56 Zentimeter lang und neun Pfund schwer. Der Vater gab eine Lokalrunde aus und dann noch eine, und alle gratulierten ihm und klopften ihn auf die Schulter. Und weil am gleichen Tag der **Führer der Partei**, in die viele von ihnen vor kurzem eingetreten waren, Geburtstag hatte, drängten sie ihn, seinem Erstgeborenen den Namen Adolf zu geben. Zwei Wochen später taufte der Pfarrer ihn auf den Namen Adolf Wolfgang, und sie riefen ihn „Wölfchen“.

Der krähte bald fröhlich vor sich hin oder schlummerte selig in seinem **Himmelbettchen** oder begann mit großen Augen und bäuchlings kriechend die Welt zu erkunden. Und ahnte noch nichts von dem Verderben, das sein Namensgeber innerhalb der kommenden 15

Jahre über Deutschland und die Welt bringen würde. Im Gegenteil: Seine persönlichen Startbedingungen ins Leben waren ziemlich gut: **Mama stillte ihn** lange, bevor sie ihn mit **Griesbrei** und **Apfelmus**, **Spinat** und geriebenen **Möhren** oder dem angewärmten Fläschchen mit Milch fütterte. Griesbrei und Apfelmus mochte er sehr gern, aber den verhassten Spinat prustete er lieber über Papas Hemd oder gar an die Tapete, wenn er ihn im Zimmer umhertrug und auf den Rücken klopfte, damit er sein **„Bäuerchen“** machte.

Was macht denn der Käfer da im Gras?

Windeln überm Küchenherd

Was rein kommt, muss auch wieder raus. Zumindest zum Teil. Nur ist es dann alles andere als appetitlich. Und das war auch Wölfchen unangenehm. Wer schmort schon gern im eigenen Saft, geschweige denn noch Festerem. Also brüllte er herzzerreißend, bis Mama ihn aus seiner Notlage befreite, den Po wusch, ihn einölte und puderte. Mit zahnlosem Mund lachte er glucksend, wenn sie ihn kitzelte, und überhaupt fühlte er sich nun gleich wieder wie neu geboren.

Dann wurde er gewickelt. Ein weiches Tuch aus **Mull**, eine **Baumwollwindel** und darüber das **Moltontuch**, alles kunstfertig verknotet, und schon konnte der kleine Hosenscheißer wieder auf dem Bauch rutschend oder auf Knien kriechend die Welt erobern.

Wer nun aber glaubt, die Windeln seien wie heutzutage Pampers & Co im Müll entsorgt worden, irrt gewaltig. Nein, sie wurden entleert und gewaschen. Gekocht in einem großen Topf auf dem Küchenherd und dann über diesem zum Trocknen aufgehängt, damit sie schnell wieder zum nächsten Einsatz bereit waren. Nicht gerade appetitlich, zumal wenn gleichzeitig das Mittagessen auf dem Herd stand. Und Mamas jüngere Schwester Paula, die im gleichen Haushalt lebte und am Küchentisch die Strümpfe ihres

Schwagers Konrad stopfte, zeigte dem kleinen Stinker, was sie von ihm hielt und verzog die Nase. Doch das war dem egal. Papa und Mama hatten ihn in die Welt gesetzt. Nun sollten sie gefälligst auch mit den Folgen fertig werden.

Mit dem „Thron" quer übers Parkett

Eine dieser Folgen war, dass Wölfchen eines Tages plötzlich und unerwartet auf ein **Töpfchen aus emailliertem Blech** mit einem großen Henkel dran gesetzt wurde. Ziemlich irritiert und fragend guckte er Mama an, als sie ihn aufforderte, nun doch sein **„Geschäft"** zu verrichten. Doch als dann endlich nach längerer Wartezeit das Ergebnis sichtbar wurde und sie ihn darob mit Lob überschüttete, dämmerte ihm der Zweck der Übung. Von nun an trug er dazu bei, seine Sitzungen mit einem entsprechenden Ergebnis zu krönen. Mama freute sich über die Arbeitsersparnis, und er, dass sein Po nicht so oft wund war. Außerdem nannte ihn Mama hinterher stets ein **„braves Kind"**. Und das allein schon war die Anstrengung wert, oder?

Mal gings flott, mal dauerte die Sitzung länger. Er verkürzte sich die Wartezeit, indem er mit dem Töpfchen über den Fußboden schlidderte, quer durch die Küche oder übers Linoleum im Flur und dabei je nach Tagesform einen brummenden Lastwagen oder ein wieherndes Pferd nachahmte. Da konnte es schon mal passieren, dass er polternd gegen etwas stieß, denn die Fahrt ging ja stets im Rückwärtsgang.

Schlafe, mein Prinzchen!

Schlafe, mein Prinzchen! Es ruhn
Schäfchen und Vögelchen nun:
Garten und Wiese verstummt,
Auch nicht ein Bienchen mehr summt;
Luna mit silbernem Schein
Gucket zum Fenster herein.
Schlafe beim silbernen Schein,
Schlafe, mein Prinzchen, schlaf ein!

Nun war Wölfchen gesättigt, hatte sein „Bäuerchen" gemacht und auch das „große Geschäft" zur Zufriedenheit von Mama erledigt. Jetzt war es an der Zeit zu schlafen. Mama brachte ihn in sein Himmelbett und deckte ihn liebevoll zu. Den Daumen im Mund,

Viel zu warm hat mich Mama eingepackt. Runter mit dem Ding!

mit dem Arm fest seinen **Teddy** umschlossen wartete er auf Mamas Gute-Nacht-Kuss. Und meistens war er nach der ersten Strophe von **„Guten Abend, gute Nacht ...“** oder **„Schlafe, mein Prinzchen, schlaf ein ...“** schon im süßen Land der Träume angekommen und bekam nicht mehr mit, wie Mama und Paula sich auf Zehenspitzen aus dem Raum schlichen.

Nicht alle Babys konnten ein Himmelbettchen ihr Eigen nennen. Manche schliefen in ausgepolsterten **Wäschekörben**, aus Weiden geflochten und mit bunten Bändern verziert, andere bei den Eltern im Ehebett. Eigene Kinderzimmer waren selten. Und wenn, dann waren sie den größeren Geschwistern vorbehalten. Eins für die Buben, eins für die Mädchen. Oder eins für alle zusammen, je nach Größe der Wohnung oder des Hauses. Oder auch gar keins. Dann schlief die ganze Bande mit den Eltern in einem großen Raum, der mit Wolldecken unterteilt war.

Am 1. April 1930 wird der Film **„Der blaue Engel“** in Berlin uraufgeführt. Die Hauptrolle der „Lola Lola“ spielt **Marlene Dietrich** (1901–1992), der damit der Durchbruch als Filmschauspielerin gelingt. Unmittelbar nach der Premiere reist sie in die USA zu Sternberg und unterschreibt bei der Filmgesellschaft „Paramount Pictures“ einen siebenjährigen Vertrag. In ihrem ersten Film in den USA („Morocco“) tritt sie als Sängerin in Männerkleidung auf. Ihr Hosenanzug löst einen Eklat aus und wird danach von zahlreichen Frauen übernommen. Obwohl ihr Joseph Goebbels mehrmals für jeden Film, den sie in Deutschland dreht, 200 000 Reichsmark bei freier Wahl des Stoffes, des Produzenten und des Regisseurs anbietet, lehnt sie ab. Am 6. Mai 1992 stirbt sie in Paris und wird in Berlin-Friedenau beigesetzt.

Alles eine Frage der Erziehung

Ohrfeige, Watsch'n, Backpfeife, Maulschelle, Dachtel, Tatzen ...

Langsam nahm Wölfchen an Gewicht und Größe zu und wurde in Anbetracht dessen jetzt „Wolfi" genannt. Saß tagsüber in seinem **Laufställchen** und brabbelte noch Unverständliches vor sich hin. Manchmal auch brüllte er stundenlang, wenn ihn das **Wachsen der Zähne** quälte; dann zog er sich an den Stäben hoch und blickte Mama, Papa oder Oma Minchen mit tränenüberströmtem Gesicht und schiefem Mund hilfeheischend an, wenn die in **„Kindersprache"** mit ihm redeten und mit „Watte-hatte-denn der kleine Wolfi? Hatte Aua-aua?" den Grund seines Gebrülls herauszufinden suchten. Dass Kinder mit solcher Methode ihre Muttersprache praktisch zweimal erlernen mussten, kam niemand in den Sinn.

Rassel & Co

Wenn nicht Oma oder Opa mit Wolfi spielten, war sein Tagesablauf in den ersten anderthalb Jahren, bis er endlich einigermaßen gehen konnte, ziemlich eintönig. Nachdem das Essen-Töpfchen-Schlafen-Programm abgespult war versuchte er, sich im Laufställchen die Zeit zu vertreiben. Ein Geschwisterchen hatte er noch nicht und Mama war gerade mit waschen oder einkaufen oder kochen oder putzen oder einer der vielen anderen Hausfrauentätigkeiten beschäftigt, die alle noch zeitraubend und von Hand erledigt werden mussten und sie daher rund um die Uhr auf Trab hielten. Und Paula drückte sich lieber mit ihrem neuesten Schwarm, einem gewissen Friedrich und Gefreiten der Reichswehr im Stadtpark rum, als sich mit ihrem kleinen Neffen zu beschäftigen. So blieb ihm nichts anderes übrig, als sich mit seiner **Rassel** und **dem** Teddy zu begnügen, bis endlich Oma und Opa erschienen und ihm ihre Zeit widmeten.

„... dann fressen ihn die Raben!"

Die liebte Wolfi abgöttisch. Sie wiederum waren stolz auf ihren Enkel und versuchten ihn zu verwöhnen, wo sie nur konnten. Und da sie ihm keine großen Geschenke machen oder gar Geld verschenken konnten, gaben sie ihm das, was sie hatten: viel Zeit und ihre ganze Liebe. Wolfi fand es herrlich, auf Opas Knien zu reiten,

Das dauert ja heute! Wann kommt Mama endlich mit dem Essen? Aber nicht schon wieder Spinat, wenn ich bitten darf!

wenn er spannende Geschichten von **Ali Baba und den vierzig Räubern** oder **Sindbad, dem Seefahrer** erzählte. Und wenn er dann zum Schluss **„Hoppe, hoppe, Reiter"** mit ihm spielte und mit dröhnender Stimme „... und fällt er in den Graben, dann fressen ihn die Raben!" sang und ihn nach hinten fallen ließ, kreischte Wolfi voll Wonne und so schrill, dass Oma Minchen mit dem Stricken innehielt, ihren Mann über den Rand der Brille kopfschüttelnd ansah und „so ein alter Kindskopf" murmelte. Wolfi aber hatte grenzenloses Vertrauen zu Opa Gottlieb und wusste, dass er ihn nicht fallen ließ, sondern gleich wieder in seine Arme hochreißen würde.

Strenges Regiment im Kindergarten

Mit vier kam Wolfi in den **Kindergarten**. In einen kirchlichen. Mit **Nonnen** als Kindergartenschwestern, die ihm in ihrer drallen Fülle und mit den großen weißen Hauben über dem schwarzen Habit riesengroß und auch schon uralt erschienen. Sie hießen Flora und Alma und strahlten einerseits **Geborgenheit und Wärme** aus, andererseits jedoch auch eine gewisse **Strenge**. Jedenfalls waren sie seine ersten Respektpersonen außerhalb des Elternhauses und er hatte Oma Minchen mit gemischten Gefühlen nachgeblickt, als sie ihn eines schönen Tages dort abgeliefert und ihm im Weggehen eingeschärft hatte, ja recht lieb zu sein und den Schwestern zu gehorchen.

Draußen gab es einen großen **Sandkasten** und ein **Karussell** zum Draufstehen, daneben eine **Schaukel** und eine **Wippe**, mehr nicht. Und auch drinnen war die Auswahl an Spielzeug nicht gerade riesig: Ein paar **Puppenstuben**, ein paar **Bälle** und eine Kiste mit bunten **Holzklötzchen**, das war's. Aber er lernte endlich gleichaltrige Spielkameraden kennen, und das war ihm die Sache wert. Und wenn sie bei schönem Wetter durch die Felder zogen und Lieder wie **„Der Mai ist gekommen“** oder **„Alle Vögel sind schon da“** sangen, war Wolfi mit sich und der Welt zufrieden und liebte die Schwestern.

Aber manchmal hassten die Kinder sie auch. Denn sie führten ein strenges Regiment und waren auf **Zucht und Ordnung** bedacht. Murrte einer, weil er partout den **Mittagsschlaf** nicht halten wollte, ließen sie ihn zur Strafe eine Stunde lang stumm **in einer Ecke stehen** und die Wand anstarren. War er bockig und wollte partout die lauwarme Milch nicht trinken, „fesselten“ sie sein Beinchen mit einem Wollfaden an einen Stuhl und er durfte sich nicht bewegen. Oder wenn einer zu viel quasselte und sein Plappermaul nicht still halten konnte, bekam er ein Blatt Papier mit Mehlkleister auf den Mund geklebt, und schon war wieder Ruhe eingekehrt. Oh wie demütigend war solche Bestrafung!

Es wurde nicht lange gefackelt

Mittlerweile waren Wolfi und seine Spielkameraden richtige kleine Lausebengels. Sie begannen **Streiche** auszuhecken, um festzustellen, wie weit sie bei den Erwachsenen gehen konnten. Manche ließen ihre Eltern durchgehen, manche nicht. Dann setzte es schnell mal eine **Ohrfeige**. Oder Backpfeife. Oder Watschen. Egal, welchen Ausdruck auch immer die jeweiligen Eltern für den Hieb **„hinter die Löffel“** gebrauchten, das Ergebnis war das Gleiche: rote Ohren und ein heulendes Kind. Bald jedoch merkten die kleinen Racker: je lauter ihr Geschrei, umso weniger hart die Schläge. Und ganz Gewiefte brüllten schon los, wenn Mama die Hand gerade erst erhoben hatte. Umso milder fiel der Schlag dann aus. Die Mädchen hielten sich eher zurück. Sie waren von Natur aus ruhiger.

„Hänschen klein, ging allein ...“

Überhaupt waren die schnellen Ohrfeigen, die es wegen Kleinigkeiten gab, eher Sache der Mütter. Sie fackelten nicht lange, wenn Wolfi, Gretchen oder Emil ihr zu widersprechen wagten oder nicht aufgepasst und das gute Sonntagskleidchen mit Eis bekleckert hatten. Oder in die neue Hose beim Klettern auf dem Kirschbaum gleich eine „Sieben“ gerissen hatten. Oder sich partout weigerten, den Teller leer zu essen. Da wurde nicht diskutiert, da wurde **pariert**. Wenn sie aber gar nicht mehr mit ihren Rangen zurecht ka-

Hänschen klein, ging allein ...

men oder sich gleich mehrere Missetaten angesammelt hatten, berichteten sie dies am Abend den Vätern und dann setzte es meist eine ordentliche **Tracht Prügel**, mit der flachen Hand, einem **Kochlöffel** oder gar dem **Teppichklopfer**. Das brannte dann höllisch auf dem Allerwertesten, sie fühlten sich von Gott und allen Engeln verraten, lagen heulend im Bett und manch einer nahm sich vor, am nächsten Tag Vater und Mutter zu verlassen und sein Glück wie **„Hänschen klein"** allein in der großen, weiten Welt zu suchen. Doch schon am Morgen danach sah alles wieder anders aus. Und wenn dann Mama dem Deliquenten zum Frühstück die heiß geliebten **Pfannkuchen mit Apfelmus** oder **„Arme Ritter"** zubereitete und Papa ihn stumm an sich drückte und damit zu verstehen gab, dass seine Handl vielleicht doch ein wenig zu hart ausgerutscht war, war er schnell wieder mit der Welt versöhnt.

Am Abend des 30. Januar 1933 feiern Anhänger der Nationalsozialistischen Deutschen Arbeiterpartei (NSDAP) den **„Tag der Machtübernahme"** mit Fackelzügen durch das Brandenburger Tor. Kurz zuvor hatte Reichspräsident Paul von Hindenburg Adolf Hitler zum neuen Reichskanzler ernannt. Dessen Absicht, eine von jeder Kontrolle durch den Reichstag befreite autoritäre Regierung zu etablieren, die das von vielen Deutschen empfundene „demokratische Chaos" der Weimarer Republik überwinden soll, verwirklichen die Nazis innerhalb kürzester Zeit. Unter Wahrung des Anscheins verfassungsmäßiger Legitimität verstehen sie es, politische Gegner auszuschalten und sich der staatlichen Machtinstrumente zu bemächtigen. Als diese „nationale Erhebung" im Sommer 1934 ihren Abschluss findet, ist die Demokratie in Deutschland zerstört, ohne dass es zu nennenswerter Gegenwehr gekommen wäre.

Mit Speck fängt man Mäuse ...

... und den Klapperstorch mit Zucker

Inzwischen hatte Wolfi endlich das heiß ersehnte **Schwesterchen** bekommen. Es wurde auf den Namen Auguste getauft und „Gustchen" gerufen. Lange genug hatte er es bei Mama immer wieder eingefordert, und auch Papa war er mit seinem Wunsch nach einem familieneigenen Spielgefährten gehörig auf den Geist gegangen. Schließlich hatte Opa Gottlieb – wie so oft – die rettende Idee gehabt: „Du musst Zucker auf's Fensterbrett legen", hatte er Wolfi geraten, als er wieder einmal auf seinen Knien ritt und ihm sein Leid geklagt hatte. „Dann kommt der **Klapperstorch** und **beißt die Mama ins Bein**. Und dann hast du bald ein Schwesterchen."

Das hatte sich Wolfi nicht zweimal sagen lassen, und nun schob er Gustchen schon seit fast einem Jahr stolz im Kinderwagen durch die Gegend.

Neuer Lebensraum im Osten

Zwei Jahre später, 1936, heiratete Paula ihren Friedrich, den Reichswehrsoldaten. Der war inzwischen Hauptgefreiter und begann ohne langes Zögern gleich mit der Nachwuchsplanung. Dafür erhielten junge Familien seit der so genannten **„Machtergreifung"** im Januar 1933 ein **Ehestandsdarlehen** von 1000 Reichsmark, das sie mit 250 Reichsmark pro Kind „abarbeiten" konnten. Dass dies dem Expansionsdrang des „Führers" diente, der mit seinem Verlangen nach **„neuem Lebensraum" im Osten** die Frauen zu Gebärmaschinen degradierte, konnten sie natürlich nicht wissen. Und für Wolfi und Gustchen waren jeder neue Vetter und jede neue Base nichts anderes als ein willkommenes weiteres Mitglied im Kreise der Spielgefährten.

Die „Goebbelsschnauze"

Zur Hochzeit legten die Großeltern und Eltern von Wolfi und Gustchen zusammen und schenkten dem jungen Paar einen **Volksempfänger**. Trotz des niedrigen Preises von 76 Reichsmark war er nicht für jedermann erschwinglich zu einer Zeit, als ein Arbeiter zwischen 120 und 150 Reichsmark netto nach Hause brachte. Doch als wichtiger Teil der **NS-Propaganda** sollte möglichst jeder Haushalt im **„Dritten Reich"** ein Radio besitzen, um die Reden des

Mit dem **Volksempfänger** können nur deutsche Sender empfangen werden. Wer sein Radiogerät manipuliert und „Feindsender“ wie den „BBC“ hört, dem drohen harte Strafen.

Das Abhören ausländischer Sender ist ein Verbrechen gegen die nationale Sicherheit unseres Volkes. Es wird auf Befehl des Führers mit schweren Zuchthausstrafen geahndet.

„Führers“ und seines Propagandaministers Goebbels verfolgen zu können. Es dauerte dann nicht mehr lange, bis die Volksempfänger den Spitznamen **„Goebbelsschnauze“** weg hatten.

Von alledem hatte Wolfi keine Ahnung und es war ihm auch ziemlich egal. Für ihn war es ein Zauberkasten, der ohne Menschen Musik und Sprache in die Stuben brachte. Er wagte kaum zu atmen, als Onkel Friedrich den Kasten das erste Mal einschaltete. Und als der Onkel ihm dann noch erklärte, dass Sprache und Musik als Wellen durch den „Äther“ kämen, suchte er aufgeregt den Himmel danach ab, doch er fand sie nicht. Es war die erste große Enttäuschung seines noch jungen Lebens.

„Deutsche! Wehrt Euch! Kauft nicht bei Juden!“ Damit beginnt am 1. April 1933 ein reichsweiter **Boykott jüdischer Geschäfte, Ärzte und Rechtsanwälte**, der sich schon Mitte der 20er Jahre angedeutet hatte. Nach der Machtübernahme durch die Nazis gehen Angehörige der Parteigliederungen nun immer rabiater gegen Juden vor, von der Polizei meist tatenlos geduldet. Der von den Nazis geschürte Hass gegen alles „Jüdische“ lässt sich kaum noch steuern und Angehörige der Sturmabteilung (SA) und der Schutzstaffel (SS) hindern Kunden unter Androhung von Gewalt am Betreten jüdischer Geschäfte. Doch der Boykott erzielt nicht die gewünschte Wirkung: Scharfe Reaktionen aus dem Ausland bis hin zur Drohung, deutsche Waren zu boykottieren, lassen negative Auswirkungen auf die Wirtschaft und das Ansehen des NS-Regimes befürchten und der Boykott wird zunächst ausgesetzt. Zudem reagiert die deutsche Bevölkerung zum Teil nur sehr reserviert. Besonders in katholischen Gegenden kommt es zu Gesten der Solidarität. Dennoch ziehen es viele Bürger vor, ihre Waren in „deutschen Geschäften“ zu kaufen. Nun beginnen die NS-Machthaber, die „Judenfrage“ auf gesetzlichem Wege zu regeln: Mit dem „Gesetz zur Wiederherstellung des Berufsbeamtentums“ vom 7. April 1933 können „nichtarische“ Beamte in den Ruhestand versetzt werden. Im Mai wird ein „Ariernachweis“ auch von Arbeitern und Angestellten des öffentlichen Dienstes gefordert. „Nichtarisch“ ist nach dem Gesetz vom 7. April 1933, wer von einem Eltern- oder Großelternteil jüdischen Glaubens abstammt.

Früh übt sich, wer eine gute (Puppen-)mama werden will

„Himmel & Hölle“

Es herrschte noch viel Platz zum Spielen auf der Straße

Für Wolfi, Gustchen und auch ihre nachgeborenen Geschwister, Vettern und Cousinen hat sich **Freizeit** in den 30er Jahren und bis weit hinein in den Krieg überwiegend auf der Straße abgespielt. Es herrschte noch kaum Autoverkehr, und spielende Kinder mussten allenfalls einem Pferdefuhrwerk oder einem von Hand gezogenen **Bollerwagen** ausweichen. So konnten die Größeren unter ihnen ihren **Brummkreisel** über die Straße peitschen, mit dem **Dreirad** um die Ecke sausen oder das **Hüpfseil** quer über die Gasse schwingen, froh darüber, dass sie der lästigen Pflicht entkommen waren, auf die kleinen Geschwister oder gar das Nesthäkchen im Laufstall aufpassen zu müssen.

Der Hof oder die Straße, in der sie wohnten, bestimmte den Spielraum. Wobei Buben und Mädchen meist getrennt spielten. Aber es gab keinen Mangel an Spielkameraden. Sie brauchten nur vor die Tür zu gehen und schon trafen sie auf andere. Auf dem Rasen im Hof spielten da manchmal 40, 50 Kinder, und keiner hat sich an dem Lärm gestört.

Sackhüpfen und Eierlaufen

Das Jahr, in dem Wolfi sechs wurde, begann für ihn ziemlich aufregend: Er durfte seine erste große **Geburtstagsfeier** ausrichten, freute sich darauf, dass er nun bald zur Schule gehen würde und

– der Trick mit dem Zucker hatte erneut geklappt – Mama flüsterte ihm zu, dass er in Kürze wieder ein Geschwisterchen bekommen werde.

Nun war aber erst mal **Kindergeburtstag** angesagt. Wolfi hatte alle Freunde aus der Nachbarschaft eingeladen, Mama **Kuchen gebacken** und literweise **Kakao** gekocht. Auch Petrus hatte ein Einsehen und ließ die Sonne besonders kräftig scheinen, so dass die Rasselbande nach der Kuchen-und-Kakao-Schlacht im Freien toben konnte.

Zuerst war **Eierlaufen** angesagt. Jeder bekam einen Löffel mit einem rohen Ei drauf in die Hand und nun galt es, eine bestimmte Strecke möglichst schnell zu überwinden, ohne dass das Ei zu Boden fiel. Das gelang natürlich nicht allen, und, je nach Temperament, gab es Tränen oder lachende Gesichter. Danach war **Sackhüpfen** dran. Jedes Kind schlüpfte mit den Beinen in einen Sack und musste so die Strecke bis zum Zaun und wieder zurück hüpfen. Das war natürlich eine Riesengaudi, denn keiner schaffte das Spiel, ohne hinzufallen.

Als Nächstes stellten Mama und Opa Gottlieb für die **„Reise nach Jerusalem"** eine Reihe Stühle Rücken an Rücken auf. Und zwar einen Stuhl weniger als die Anzahl der Kinder. Opa begann auf der Ziehharmonika zu spielen und alle rannten im Kreis um die Stühle. Als plötzlich die Musik aussetzte, musste jedes Kind sich schnell setzen. Eines bekam keinen Platz. Das schied aus, ein Stuhl wurde entfernt und das Ganze begann von vorn. Die Spannung wuchs, bis zum Schluss zwei Kinder mit allen Tricks um den letzten Stuhl kämpften.

Viel zu früh war der Abend da; nach einem Margarinebrot und einer weiteren Tasse Kakao und unter lautstarkem Geschnatter trennte sich die Rasselbande. Mama seufzte; für sie ging ein schwerer Tag zu Ende.

Maikäfer flieg ...

Maikäfer flieg. Dein Vater ist im Krieg.
Die Mutter schüttelt's Bäumelein,
herab da fällt ein Pfläumelein. Maikäfer flieg.

Wolfi liebte sie, die kleinen putzigen Krabbeltierchen. Schüttelte sie von den Bäumen, ließ sie seinen nackten Arm hochkrabbeln und setzte sie Gustchen ins Haar oder den Nacken und freute sich diebisch über das schrille Geschrei der Dreijährigen. Wenn Oma

Minchen ihn dabei erwischte, gab's einen Klaps auf den Hintern, während Opa Gottliebdann dröhnend lachte und mit einer wegwerfenden Handbewegung so was wie „Weiber sind doch Zimperliesen" sagte.

Opa zeigte Wolfi und seinen Freunden auch, wie man Löcher in kleine Schachteln bohrt, Blätter hineinlegt und die **Maikäfer** so überall mit sich herumtragen kann. Auf diese Art schmuggelten die Schlingel sie sogar heimlich in die Kirche und ließen sie zum Schrecken aller mitten im Gottesdienst fliegen.

Die Bäume waren voll besetzt mit den Käfern, und abends schwirrten sie um die Laternen. Wenn sie aber auf dem Rücken lagen, waren sie hilflos, da sie sich nicht aus eigener Kraft umdrehen konnten. Auch entkommen konnten sie den Kindern kaum, denn am sichtbaren Aufpumpen erkannten sie, wann ein Maikäfer losfliegen wollte und wussten es zu verhindern. Wenn sie dann allerdings genug mit ihnen gespielt hatten, ließen die „Guten" sie wieder fliegen, die „Bösen" warfen sie **den Hühnern zum Fraß** vor. Die liebten sie nämlich auch.

Straßenfußball mit der Blechbüchse

In jeder freien Minute spielten die Kinder draußen. Keine Kindersendung im TV, die sie zu Hause gefesselt hätte; kein Computer, auf dem es die Bösen von anderen Sternen abzuschießen galt; keine Berge von Spielzeug, bei denen man nicht wusste, für welches man sich entscheiden sollte. All das gab es noch lange nicht.

Waren anfangs noch **Hof** und **Straße** ihr **Spielrevier**, erkundeten Wolfi und seine Freunde immer neue, entferntere Gegenden, je älter sie wurden. Sie stromerten am Bach entlang, bauten Lager im Wald oder gruben Höhlen in den festen Lehm eines Berghangs. Stauten den Bach und planschten darin. Tobten Täler hinauf und kullerten Abhänge hinunter.

„Vater, Mutter und Kind" war ein beliebtes Spiel, wenn Wolfi und Gustchen mit ihrer Cousine Klara, Tante Paulas erster Tochter, spielten. Viel lieber aber spielte Wolfi mit seinen Freunden **„Räuber und Gendarm"**. Dann schnitzten sie sich Säbel und Gewehre, und Mutters Kopftuch, verwegen im Nacken verknotet und eine schwarze Augenbinde gaben ihnen ein wildes Aussehen. Auch **Fußball** spielten sie, zwei Steine markierten das Tor, und der Ball war oft nur eine **Blechbüchse**. Die hinterließ Schrammen an den Schuhen, was den Eltern gar nicht gefiel und wofür es die eine oder andere

Ohrfeige gab. Aber **Straßenfußball**, verbunden mit dem Klappern der Büchse, war natürlich herrlich! Als Alternative ließen sie sich von Mutter **Bälle aus Stoff** fertigen, die mit Sägemehl gefüllt wurden. Das machte zwar nicht so viel Spaß, dafür wurden aber die Schuhe geschont.

Ein weiterer Grund für Ohrfeigen war, wenn sie mit nassen Schuhen nach Hause kamen, nachdem sie an einem Weiher gespielt hatten, dort von Stein zu Stein gehüpft und auch des Öfteren im Wasser gelandet waren. Schuhwerk war teuer, aber Kinder wollen halt spielen! Sie spielten mit **Murmeln**, brannten ihre Namen mit einem **Brennglas** in Holz oder peitschten **Kreisel** durch die Gassen. Die Mädchen wetteiferten bei **„Himmel und Hölle“** oder **Seilhüpfen**, Spiele, bei denen die Buben herablassend die Augenbrauen hoben, wenn sie aufgefordert wurden, mitzuspielen. Die Buben waren kreativer, schnitzten sich **Blasrohre** aus Holunderzweigen, fertigten Schleudern aus Astgabeln oder **Pfeil und Bogen** mit einer Hühnerfeder am Pfeilende.

Rote Nase und blaue Finger

Kaum lag der erste Schnee, ging's auf eine der **„Todesbahnen“** auf den umliegenden Hügeln. Dort sausten Buben bäuchlings auf ihren **Schlitten** den Hang hinunter, mit den Füßen in einem zweiten eingehakt und bildeten einen **„Bob“**; die Mädchen dagegen saßen brav und aufrecht auf ihren Schlitten und bestaunten den „Mut“ der Möchtegern-Rennfahrer oder schüttelten den Kopf über so viel Unvernunft. Andere, die schon zur Schule gingen, benutzten auch manchmal ihre umgedrehten Ranzen zum Rodeln.

Nur bäuchlings macht's so richtig Spaß

Draußen vor dem Haus baute Opa Gottlieb mit Klara und Gustchen einen **Schneemann**; als Augen bekam er zwei Kohlen, als Nase eine Mohrrübe und auf den Kopf einen alten Zylinder von Opa. Derweil tobte sich Wolfi mit seinen Freunden bei einer **Schneeballschlacht** aus und kam am Abend halb verfroren nach Hause, mit nasser Kleidung, roter Nase und blauen Fingern.

Ein beliebtes, wenn auch nicht ungefährliches Spiel war das Fahren auf einer **Eisscholle**. Das Eis am Rande eines Flusses wurde

Wie praktisch: Dreirad und Puppenwagen in einem

aufgebrochen und man versuchte, breitbeinig und mit einem langen Stecken sich wie ein Gondoliere voranzustaken.

Wenn man mal nicht draußen toben konnte, sei es, dass man wegen einer Missetat **„Hausarrest"** hatte oder krank war, spielten die Kinder **„Mensch ärgere dich nicht"** oder **„Mühle"**, **„Halma"** und **„Dame"** oder konnten auch einfach nur am Fenster sitzen und die **Eisblumen** auf den Fensterscheiben bewundern. Fantasievolle Gebilde, jedes anders, ein Zauber aus gefrorenen Blüten.

19. Juni 1936 in New York: Durch K.O. in der 12. Runde besiegt **Max Schmeling** (1905–2005) den bis dahin ungeschlagenen Amerikaner Joe Louis (1914–1981). Er sorgt damit für eine der größten Überraschungen in der Boxgeschichte und begründet noch vor seinem WM-Gewinn seine weltweite Popularität. Die NS-Propaganda missbraucht den Sieg über den „Braunen Bomber" als Beweis „arischer Überlegenheit". Die Kinos zeigen den Kampf unter dem Titel „Max Schmelings Sieg – ein deutscher Sieg".

Am 1. August 1936 eröffnet Adolf Hitler die **XI. Olympischen Sommerspiele** vor 100 000 Zuschauern im Olympiastadion Berlin. Unter Joseph Goebbels perfekt vorbereitet verschwinden für die Dauer der Spiele antisemitische Parolen ebenso aus dem Stadtbild wie die Hetze gegen Juden in den Medien verboten ist. Um das Ausland zu besänftigen, starten zwei Alibi-„Halbjuden", der Eishockeyspieler Rudi Ball und die Fechterin Helene Mayer. Die insgesamt drei Millionen Besucher reagieren begeistert, ebenso die internationale Presse. Auch die 1938 anlaufenden Propagandafilme Leni Riefenstahls, „Fest der Schönheit" und „Fest der Völker", werden im Ausland zum Teil äußerst positiv aufgenommen. Für die Innen- und Außenpolitik der Nazis ist die Olympiade wie geplant ein voller Erfolg. Die Einschränkung der Pressefreiheit, die Evakuierung aller in Berlin lebenden Sinti und Roma an den Stadtrand nach Marzahn sowie die Errichtung des Konzentrationslagers (KZ) Sachsenhausen vor den Toren Berlins werden auch im Ausland kaum wahrgenommen. Sportlich schneidet Deutschland hervorragend ab: Mit 33 Gold-, 26 Silber- und 30 Bronzemedaillen gewinnen die insgesamt 406 deutschen Athleten die Nationenwertung vor den USA (24/20/12), Ungarn (10/1/5), Italien (8/9/5), Finnland (7/6/6) und Frankreich (7/6/6).

Alter Waschkessel: Oben kam die Wäsche rein, unten wurde beheizt. Einmal im Monat war „große Wäsche“

Kernseife, Waschbrett & Co

Abends war die Hausfrau fix und fertig

Heutzutage ist für Frauen **Wäsche waschen** kein besonderes Ereignis mehr. Die Wäsche wird sortiert in die Maschine gegeben, das Programm eingestellt, auf den Knopf gedrückt, und los geht's. Die Waschminna weiß stets genau, was zu tun ist, ganz ohne Worte.

Anders sah ein **Waschtag** für Johanna und Oma Minchen aus, und zwar egal ob vor, während oder nach dem Zweiten Weltkrieg. Für sie war Wäschepflege noch eine überaus kraft- und zeitraubende Tätigkeit. Die Textilien aus Leinen, Baumwolle oder Wolle waren nicht gerade pflegeleicht und mit Kernseife, Seifenflocken und Waschpulver (Soda) standen ihnen noch keine vollwertigen Waschmittel wie heute zur Verfügung.

Im Keller waberten die Schwaden

Sonntags weichte Johanna die Wäsche ein, am Montag folgte der eigentliche Waschtag. Schon frühmorgens stand sie auf und feuerte in der Waschküche den Kessel an, **eine Art gemauerter Ofen** mit einem Einsatz aus Eisen und einer Feuerstelle darunter. Sie hätte gerne einen dieser modernen **Kupferkessel** gehabt, aber ihr Konrad meinte, der alte täte es auch. Männer! Den Kessel befeuerte sie mit

Holz und streckte den Brand bisweilen auch mit eingeweichtem und zu „Briketts“ gepresstem Zeitungspapier. Während des Kochens sah es im Keller aus wie in einem Tunnel, durch den gerade ein Zug gedonnert war, so voll war er mit **wabernden Dampfschwaden**, und die Luft roch stark nach **Moder**. In dem Haus, in dem Paula wohnte, gab es keine Waschküche im Keller. Sie musste sich mit Einkocher und Zinkwanne begnügen und ihr Waschtag fand in der Küche statt.

Steife Kragen mit Kartoffelstärke

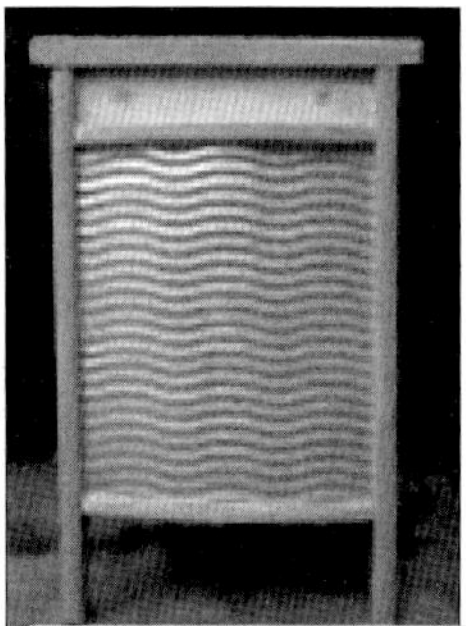

Das „gute alte Waschbrett“

Über Nacht eingeweicht war die nasse Wäsche schwer und Johanna musste sie unter einiger Kraftanstrengung mit dem großen **Holzlöffel** von einem Gefäß ins andere wuchten. Wolfi wollte ihr gerne helfen, aber Johanna schickte ihn zum Spielen. Wäsche waschen war Frauensache. Sie hatte ja ihre Mutter als Hilfe. Ein Stück nach dem anderen nahmen die beiden Frauen nun heraus und bürsteten und rubbelten es mit **Kernseife** oder viel **Soda** auf dem **Waschbrett** im **Zuber**, bis ihre Fingerknöchel wund waren. Anschließend spülten sie alles heiß aus, bis keine Seifenreste mehr zu sehen waren und ließen die Wäsche über Nacht in klarem Wasser liegen. War sie angegilbt, gaben sie etwas **„Bläuepulver“** hinzu. Bei schönem Wetter im Sommer legten sie die Wäsche auf der **„Bleiche“**, einer großen Wiese hinter dem Haus aus und benetzten sie immer wieder mit der Gießkanne, damit sie von der Sonne gebleicht werden konnte.

Zum Trocknen kam die Wäsche nach draußen auf die **Wäscheleine**; auch im Winter, wenn die Sonne schien, und oft gefror sie zu grotesken Gebilden. Bei schlechtem Wetter wurde sie auf den **Dachboden** gehängt. Das war dann wieder ein Kraftakt, die zwar ausgewrungene, aber immer noch nasse und daher schwere Wäsche weiß Gott wie viele Stufen im Weidekorb auf den Dachboden zu tragen.

„Große Wäsche“ war bei Johanna alle vier Wochen angesagt. Andere Familien wuschen alle drei, wieder andere alle sechs Wochen. Das kam auf die Menge der Wäsche an, die man zur Verfügung hatte. Auch wenn man seine Wäsche nicht häufig wechselte, so kam doch einiges zusammen. Um sie also länger sauber und frisch zu halten, stärkte Johanna die Hemden ihres Mannes und von Opa Gottlieb sowie ihre und die weißen Blusen ihrer Mutter mit **Kartoffelstärke** oder **Mondamin**. Lenor als Weichspüler gab's noch nicht, dafür verwandte sie **Essig**.

Am Waschtag blieb sämtliche andere Arbeit liegen und auch das warme Mittagessen fiel aus; Mikrowelle oder Pizzaservice waren noch nicht erfunden, um „mal eben schnell“ etwas auf den Tisch zu zaubern. Da gab's dann halt ein Stück Brot und Kakao dazu; so hatte man auch was Warmes im Bauch.

Und wenn Johanna dann endlich das letzte Wäschestück aufgehängt hatte, fix und fertig war, über **steife Finger** und einen **krummen Rücken** klagte, bereitete sie noch das Abendessen zu und fiel schließlich irgendwann, nachdem sie mit Oma Minchen den Abwasch von Hand getätigt hatte, todmüde ins Bett.

... und dann auch noch bügeln

Am nächsten Tag dann begann die große **Bügelei**. Elektrische Bügeleisen gab es zwar schon seit 1897, doch noch nicht überall, besonders auf dem Lande, waren sie verbreitet. Johanna hatte zwei dieser ungetümen Kolosse, zwölf Kilogramm schwere stromlose Bügeleisen, die sie noch bis 1948 benutzte. Sie wärmte sie abwechselnd auf der heißen Platte des Küchenherdes auf. Am Abend solch eines Bügeltages fand sie, sei ihr rechter Arm vom Heben „zehn Zentimeter länger“. Erst nach der Währungsreform leistete sie sich ein elektrisches Bügeleisen. Große Teile wie Bettwäsche und Tischdecken brachte man zum **Mangeln**. Gibt es heute irgend jemand, der gerne mit Johanna getauscht hätte?

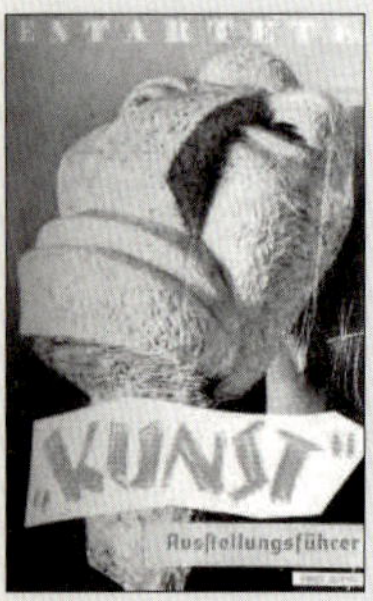

Als **„Entartete Kunst“** gilt alles, was mit dem Kunstverständnis und dem Schönheitsideal des Nazi-Regimes nicht in Einklang zu bringen ist wie z.B. Ex- und Impressionismus, Surrealismus, Kubismus, Dadaismus, Neue Sachlichkeit. Die Werke von Paul Klee, Ernst Ludwig Kirchner, Max Ernst, Karl Schmidt-Rottluff, Max Pechstein, Otto Griebel oder Ernst Barlach werden in der Ausstellung „Entartete Kunst“ mit Zeichnungen von geistig Behinderten gleichgesetzt, die beim Betrachter Unbehagen und Ekel erregen sollen. Die Präsentation „kranker, jüdisch-bolschewistischer“ Kunst dient der Legitimierung der Verfolgung „rassisch Minderwertiger“. Insgesamt werden rund 16000 moderne Kunstwerke beschlagnahmt und zum Teil ins Ausland verkauft oder zerstört. Berufsverbote für Künstler und Museumsleute, die moderne Kunst angekauft hatten gab es bereits unmittelbar nach der Machtübernahme der Nazis 1933. Betroffen sind auch Theater, Film, Musik und Literatur. Der „Nigger-Jazz“ wird ebenso diffamiert wie international renommierte Komponisten wie z.B. Paul Hindemith.

Eine Seltenheit: Gemischte Klasse

Bei den Meistern des Rohrstocks

Quietschende Griffel & klecksende Federn

Endlich war es so weit: Wolfis **erster Schultag** war da. Ab sofort würde er zu den „Großen" gehören und er war mächtig stolz darauf. An Mamas Hand strebte er aufgeregt und erwartungsvoll der Aufnahmefeier in dem alten Backsteingebäude entgegen, in dem die **Volksschule** untergebracht war, die **Schultüte** fest im Arm und den **Ranzen** auf dem Rücken. Die Schultüte, auch **„Zuckertüte"** genannt, bekamen die ABC-Schützen von ihren Eltern oder Verwandten selbst angefertigt, bunt bemalt oder mit Abziehbildern beklebt. Aber allzu viele Süßigkeiten waren nicht darin, eher ein paar Äpfel oder Nützliches wie Stifte. Die Ranzen waren meist aus Leder, manche neu und manche „Erbstücke" von Verwandten, die die Schule schon hinter sich gelassen hatten. Aus ihnen baumelten **Tafellappen** oder **-schwämme** heraus und ragten **Lineale** empor. Drin befand sich eine **Schiefertafel**, ein **Schwammdöschen** und ein Holzkästchen mit kratzenden, **quietschenden grauen Griffeln**, die beim Gedanken daran noch heute die Ohren schmerzen lassen. Anfang der 50er Jahre gab es dann die so genannten **„Milchgriffel"**, die waren weiß und fast durchsichtig (eben wie Milch) und schrieben weich und ruhig.

Einklassige Dorfschule

In den 30er und 40er Jahren wurden die Kinder nach Ostern und nicht, wie heute, im Herbst eingeschult. Mädchen und Buben wurden meist **getrennt unterrichtet**, nicht nur an den weiterführenden, sondern auch an den Volksschulen. Das war von Ort zu Ort, von Stadt zu Stadt verschieden und wurde auch innerhalb einer Stadt nicht einheitlich gehandhabt. In kleinen Dörfern war die **einklassige Schule** noch weit verbreitet, das heißt, ein Lehrer unterrichtete sämtliche Klassen zeitgleich in einem einzigen Raum. Das konnten dann schon mal 40 bis 50 Schüler auf einmal sein.

Schulbusse? Von wegen! Wessen Schule fünf, zehn oder mehr Kilometer vom einsamen Bauernhof entfernt lag, musste wie alle andern zu Fuß gehen und halt einfach ein bisschen früher aufstehen. Glücklich, wer da schon ein Fahrrad sein Eigen nennen konnte.

Prügel auf den blanken Hintern

Wolfi merkte ziemlich rasch, dass nicht nur zu Hause, sondern erst recht in der Schule **Zucht und Ordnung** herrschten. Betrat sein Lehrer das Klassenzimmer, mussten alle **aufstehen** und ihn laut und im Chor mit **„Guten Morgen, Herr Lehrer“** begrüßen. Er antwortete knapp: „Setzen“, und wenn er gut gelaunt war: „Setzen, Kinder!“

In der **Ecke stehen** war noch die harmloseste Art von Bestrafung. Mit dem **Lineal** oder dem **Rohrstock** auf den **stramm gezogenen Hosenboden**, den **blanken Hintern** (Mädchen allerdings grundsätzlich nur auf den mindestens mit einem Schlüpfer bedeckten) oder, noch schlimmer, die **Finger** zu hauen, machte manchen Lehrern regelrecht Spaß. Sie prügelten nicht nur zur Aufrechterhaltung der **Disziplin**, sondern auch wegen schlechter schulischer Leistungen, nicht erbrachtem Respekt ihnen gegenüber, oder, ohne Grund, einfach aus schlechter Laune heraus. Auch das Ziehen an den kurzen Haaren über den Ohren war eine bei Lehrern beliebte, weil äußerst schmerzhafte Art der Züchtigung.

Schulbank mit Klappsitzen

Natürlich waren nicht alle Lehrer Sadisten. Es gab auch die meist jüngeren, die sich ihrer pädagogischen Verantwortung bewusst waren und sich redlich Mühe gaben, ihren Zöglingen die **deutsche Schrift**, dann die lateinische und auch das **Rechnen** und **Heimatkunde** beizubringen. Doch muss man sich heute als Erwachsener fragen, was unsere Lehrer seinerzeit eigentlich bei den zwar gesetzlich sanktionierten, amtlich auch empfohlenen, aber nie zwingend vorgeschriebenen Züchtigungsmaßnahmen empfunden haben.

Mithilfe contra Spieltrieb

Nach der Schule und nachdem das Mittagessen hinuntergeschlungen war machte Wolfi möglichst schnell seine **Hausaufgaben**. Notgedrungenerweise! Denn hatte man die am nächsten Tag nicht, gab's Schläge mit dem Rohrstock, und die wollte jeder ja tunlichst vermeiden. Danach ging's raus zum Spielen. Aber nicht für alle. Oft mussten die Mädchen im Haushalt und die Buben auf dem Feld oder im Handwerksbetrieb des Vaters **mithelfen**. Dann war Essig mit schwimmen im Fluss, mit den Freundinnen Seilchen springen oder „Völkerball" spielen wie auch im Winter Schlitten fahren auf der „Todesbahn". Doch jeder hatte seine **„Pflichten"**, die es zu erfüllen galt. Da führte kein Weg dran vorbei.

Schönschreiben

Ab der zweiten Klasse durfte auch mit der **Feder** geschrieben werden. Die spreizte sich, wenn man zu fest aufdrückte und **kleckste** fürchterlich. Ein **Tintenfass** mit Tinte war oben im Pult eingelassen. Die Hefte hatten Linien für Ober- und Unterlängen, darin übte man **„Schönschreiben"**. Das war ein eigenes Fach und wurde auch benotet. Auch **„Deutsche Schrift"** stand auf dem Programm. Und es gab noch die berühmten **„Kopfnoten"**: „Führung und Haltung" z.B. in der Volksschule, „Betragen", „Fleiß", „Aufmerksamkeit" und „Ordnung" später dann auf dem Gymnasium. Und da Wolfi ein Rabauke war, fielen die bei ihm zum Leidwesen seiner Eltern meist gar nicht so gut aus.

Während viele „Volksgenossen" ihren „Führer" Adolf Hitler bejubeln und ihm in blindem Gehorsam folgen, überzieht der Deutschland mit einem dichten Netz von **Konzentrationslagern**. Nicht nur Stätten brutalster Willkür, entwickeln sie sich im Zuge der Kriegsproduktion auch zu einem wirtschaftlichen Faktor. Nach Kriegsbeginn errichten die Nazis auch im besetzten Polen Vernichtungslager: Auschwitz, Belzec, Chelmno, Majdanek, Sobibor und Treblinka stehen u.a. für den staatlich befohlenen Völkermord an Sozialdemokraten, Kommunisten, Juden, Mitgliedern von Orden und Sekten, „unbequemen" Pfarrern, Sinti und Roma („Zigeuner"), Homosexuellen und „Asozialen".

In meiner Wanne bin ich mein eigener Kapitän

Immer wieder samstags ...

Und am Abend gingen Mama und Papa aus

Einmal in der Woche kündigte er sich an. Der **Badetag**. Traditionell war das seit eh und je der **Samstag** in deutschen Familien. Egal, ob 1930, 1940 oder 1950. Solche Traditionen wirft auch ein Krieg nicht über den Haufen. Zwar konnten Gustchen und der einjährige Max – Johannas drittes Kind und benannt nach dem Box-Idol Max Schmeling – im Gegensatz zu Wolfi noch nicht den Abreißkalender in der Küche lesen, aber sie entwickelten schnell ein untrügliches Gespür dafür, wann es wieder einmal so weit war. Spätestens, wenn Mama den großen **Einkochtopf** auf den **Küchenherd** stellte, mit Wasser füllte und die **Zinkwanne** herbeischleppte, wusste jeder, wieviel es geschlagen hatte. Badezimmer und heißes Wasser aus der Leitung wie heute: Fehlanzeige. Naja, vielleicht ein paar „Großbürgerliche" oder Neureiche oder Fabrikanten hatten das, aber Normalverbraucher wie Konrad und Johanna?

Die Seife brannte in den Augen

Und kaum war Papa von der Arbeit nach Hause gekommen – bis **1956 arbeitete man noch sechs Tage** und **48 Stunden** die Woche – ging die Prozedur auch schon los: Das dampfende Wasser wurde in die Wanne gekippt, mit kaltem auf eine erträgliche Temperatur gebracht und dann wurden Max, Gustchen und Wolfi in die

Wanne gesetzt. Von wegen gemütlich im Wasser liegen und die Seele baumeln lassen: Mama fackelte nicht lange. Sie schrubbte ihre Bande mit der harten **Kernseife** von oben bis unten ab und rubbelte sie mit nicht weichgespülten Handtüchern trocken. Und wenn es Wolfi beim Haarewaschen in den Augen brannte und er deswegen protestierte, sagte sie einfach: „Ach, stell dich doch nicht so an."

Manchmal gingen sie auch mit den Eltern ins Hallenbad. Nicht, um dort zu schwimmen, sondern um in der so genannten **„Waschanstalt"** für wenig Geld eine der **Kabinen** zu mieten, in denen man ein richtiges **Wannenbad** nehmen konnte. Und zur Feier des Tages kam ein **Fichtennadel-Extrakt** in die Wanne.

Mancherorts konnte man auch in Schulen duschen. Zwar getrennt nach Männlein und Weiblein, aber immerhin in Gemeinschaftsduschen und -umkleiden. Doch das war nicht jedermanns Sache. Die Zeiten waren halt ziemlich **prüde**.

Klopapier für die Weiterbildung

Nur wenige Wohnungen hatten eine eigene Toilette. Häufig teilte man die mit seinen Nachbarn entweder als „indische" (jenseits des Ganges), auf der halben Treppe oder sogar draußen im Garten. Dort stand dann das **Holzhäuschen mit dem Herzchen** in der Tür, darin das **Plumsklo**: eine große Holzfläche, in der Mitte ein rundes Loch und ein grober Deckel.

In vielen Familien dienten zerkleinerte Seiten der **Tageszeitungen** als **Klopapier**. Man zerschnitt eine Zeitung in gleichgroße, etwa 15 x 15 cm messende Stücke und stapelte sie in handlichen Bündeln aufeinander. Durch ein Loch in der Ecke zog man eine dünne Kordel oder einen Draht und fertig war das Toilettenpapier zum Aufhängen. Es hatte nur einen großen Nachteil: Zum einen war es sehr steif, zum anderen hinterließ es schwarze Spuren auf dem Allerwertesten; und hatte Wolfi während der „Sitzung" mal einen interessanten Artikel gefunden, an dem er seine Lesekünste ausprobieren wollte, war das Blatt mit der Fortsetzung garantiert schon vorher von jemand anderem verbraucht worden. Aus war's mit der Weiterbildung! Da hatte es Max mit seinem **„Thron"** schon besser: Ihm wurde der Po noch liebevoll von Mama mit einem weichen Papier abgewischt.

Und jede Familie hatte ihr eigenes Papier, über das sie argwöhnisch wachte.

Bandsäge und Eierkohlen

Man heizte mit Holz oder Kohle. In Einzelöfen. Zentralheizung im heutigen Sinne war noch weitgehend unbekannt. Doch erste Ansätze gab es bereits. So erhielten z.B. schon 1930 in Chemnitz die ersten Gebäude ihre Wärme aus einer städtischen Anlage für Fernwärme.

Wehe, wenn das Band der Säge riss!

Zu Wolfis Eltern kam der **Holzfuhrmann** und lieferte das Holz in Scheiten. Papa bestellte einen **Holzsäger**, der das Holz mit einer fahrbaren Bandsäge auf spaltbare Stücke zerkleinerte. Die Kinder schauten dabei immer gerne zu, und besonders Wolfi war fasziniert von der Technik der Säge und bat den Holzsäger, ihm das Wunderwerkzeug zu erklären. Aber Mama achtete darauf, dass er der Säge nicht zu nahe kam. Die Verletzungsgefahr sei zu groß, meinte sie. Das traf vielleicht auf Gustchen und Max zu, doch warum behandelte sie ihn, einen Achtjährigen, noch immer wie ein kleines Kind?

Das **Sägemehl** wurde aufbewahrt und im Winter als Streumittel verwandt. Das Holz spaltete Konrad im Hof auf dem großen Klotz und schichtete es dort für den Winter unter einem Dächlein auf. Sein Nachbar hatte nicht so viel Platz, der zog es mit einem Seil auf den Dachboden.

Eierkohlen und **Briketts** brachten die Kohlemänner. Die kamen manchmal schon mit einem **„Hanomag Garant"** oder einem **„Tempo Dreirad"** angefahren und schütteten ihre Fracht vors Haus. Die ganze Familie, auch Wolfi und Gustchen, mussten dann mithelfen, die Kohlen mit Körben oder Eimern in den Keller zu tragen.

Der Unterschied zwischen Mama und Papa

Zwischen Mama und Papa gab es einen Unterschied. Einen, den die Kinder täglich hautnah erfuhren. Denn wenn Papa mit ihnen schmuste, kratzte sein Gesicht auf ihrer zarten Haut, was bei Mama nicht der Fall war. Das irritierte sie gewaltig, denn sie hatten doch beide gleich lieb. Als sie dann älter wurden, erkannten sie den Grund: Männer haben **Bartwuchs**, Frauen nicht. Deshalb ging Papa jeden Morgen vor der Arbeit zum **Frisör** und ließ sich den Bart rasieren. Als er Wolfi einmal mitnahm sah er, wie gefährlich und scharf das **Messer** war, das der Frisör zwischendurch an einem **Lederriemen schärfte**. Doch wenn Papa von der Arbeit nach Hause kam, kratze sein Gesicht schon wieder. Später, als Wolfi Jüngling war und ihm der Bart wuchs, kaufte er sich einen eigenen Nassrasierer, und als in den 50er Jahren die Trockenrasierer aufkamen, schenkte Onkel Friedrich ihm einen zum Geburtstag.

Mama ging auch zum Frisör, aber zu einem anderen, und auch aus einem anderen Grund. Damals trennte man noch streng zwischen **Salons** für Damen und Herren. Um nun am Samstagabend, wenn sie mit Papa zum Tanzen oder ins Kino oder auch mal ins Theater ging „schön" zu sein, ließ sie sich die Haare waschen und eine **Wasserwelle** legen. Unter der Haube erfuhr sie dort auch den neuesten Klatsch, den sie am Abend unter vorgehaltener Hand an Oma Minchen weitergab.

Einen Babysitter zu engagieren war nicht nötig; dafür waren die Großeltern zuständig. Und später passten die Größeren auf die Kleinen auf, lasen ihnen noch eine Geschichte aus dem **„Struwwelpeter"**, aus einem **Kinderbuch von Josephine Siebe** oder ein **Märchen der Gebrüder Grimm** vor und krochen dann selbst in die Federn.

Dass es noch einen ganz anderen Unterschied zwischen Mama und Papa gab, lernten sie meist erst viel später ...

Am 12. März 1938 marschiert die Wehrmacht auf Hitlers Befehl und ohne auf Widerstand zu stoßen in **Österreich** ein. Zwei Tage später bejubeln über 100000 Menschen den gebürtigen Österreicher Hitler in Wien. In einer Volksabstimmung am 10. April 1938 votieren offiziell 99,73 Prozent der Österreicher und 99,01 Prozent der Deutschen für den „Anschluss". Innerhalb kürzester Zeit werden die 1933 bis 1938 in Deutschland umgesetzten Maßnahmen zur Umgestaltung von Staat und Gesellschaft auch auf Österreich übertragen. Der Terror der Nazis übertrifft anfangs noch das im bisherigen Deutschen Reich erlangte Ausmaß. Vielen Sozialdemokraten, Kommunisten und Juden, zum Beispiel Sigmund Freud, bleibt zur Rettung nur die Flucht.

Advent, Advent ...

Plätzchen backen und Schüsseln ausschlecken

Advent, die Zeit des **Plätzchenbackens**. Tagelang wurden die verschiedenen Teige angerührt, geknetet, ausgerollt, wurden mit **Blechförmchen** Plätzchen ausgestochen, Backbleche eingefettet und die vollen Bleche in den Küchenherd geschoben. Es gab **Butterplätzchen** (zur Not konnte man auch Margarine nehmen), mit der Tülle wurde **Spritzgebäck** gegossen und mit Hasel- oder Walnüssen **Makronen** hergestellt. In der Küche roch es nach **Gewürzen**, frischem Teig und warmem Backwerk, und zusammen mit den Eisblumen am Küchenfenster ergab das Ganze eine Atmosphäre vorweihnachtlicher Erwartung.

Kinder halfen gern beim Backen, denn es fiel immer etwas zum **„Schlecken"** für sie ab. Wobei besonders die Mädchen den Müttern oft eine wirkliche Unterstützung waren, die „Hilfe" der Buben eher darin bestand, die Schüsseln auszuschlecken und möglichst das eine oder andere ofenfrische Plätzchen zu stibitzen.

Nebenbei hörte Johanna die Gedichte und Verse noch einmal ab, die Gustchen und Max dem **Nikolaus** vortragen sollten. An den glaubte Wolfi inzwischen nicht mehr, sowie er auch die Geschichte mit dem Klapperstorch durchschaut hatte. Nur, woher genau die kleinen Kinder kamen, war ihm noch immer nicht ganz klar.

Auch in den dreißiger Jahren freuen sich die Kinder darauf, jeden Tag ein Türchen ihres Adventskalenders zu öffnen und hoffen, dass sich dahinter Naschzeug verbirgt! Und mit jedem Tag wächst ihre Spannung, denn Weihnachten rückt ja nun Tag für Tag näher. Doch zuvor gilt es noch, vor Sankt Nikolaus und seinem Knecht Ruprecht mit einem auswendig gelernten Gedicht und einem möglichst guten Eintrag im „Goldenen Buch" zu bestehen.

Um ein **„braves Kind"** zu sein musste man ein **Gedicht** vortragen können, wenn der Nikolaus in seinem „Goldenen Buch" nachschaute, ob man denn das ganze Jahr über lieb gewesen sei. Die Kinder aber waren nur mit halbem Ohr dabei, denn die Plätzchen waren ihnen in diesem Moment viel wichtiger. Auch die Warnung, dass **Knecht Ruprecht** Kinder, die kein Gedicht aufsagen konnten, mit der **Rute** züchtigen würde, konnte nicht allzuviel ausrichten.

Die Englein schrieben alles auf

Am Nik'lausabend dann war es so weit. Draußen war's schon dunkel und eine seltsame Spannung lag in der Luft. Auf einmal pochte es laut an die Tür, sie wurde aufgestoßen, und polternd kamen zwei Gestalten herein, die den Kindern riesengroß und bedrohlich erschienen. Die eine, angetan mit einem roten Mantel, einer Bischofs- oder einer roten Mütze auf dem Kopf und mit langem, wallenden weißen Bart; die andere eher dürftig gekleidet, mit finsterem Blick, einem groben Leinensack auf dem Rücken und einem Bündel Ruten im Fäustling. Beide hatten schwere schwarze Stiefel an und Schnee an ihrer Kleidung.

Nun begann **Sankt Nikolaus** sein Verhör mit der obligatorischen Frage: **„Naaa, seid ihr denn auch lieb gewesen?"** Und auf ihr schüchtern gedehntes: „Jaaa" folgte ein bedeutungsvoller Blick in das respektheischende **„Goldene Buch"**, in dem die **Englein** angeblich alle guten und schlechten Taten des vergangenen Jahres aufgeschrieben hatten. Da fielen Max plötzlich all seine Missetaten der letzten Monate wieder ein und ängstlich verkroch er sich rasch unter dem großen Küchentisch, während Gustchen, den Zeigefinger im Mundwinkel, nicht so recht wusste, ob sie dem Mann da vor sich glauben sollte oder ob das nicht vielleicht doch ein Nachbar war. Wolfi hatte so etwas angedeutet. Aber ganz sicher war sie nicht ...

Nun las Sankt Nik'laus aus seinem Buch vor und zum Glück überwogen dann doch die guten Taten, und, während die beiden ihre Gedichte stotternd aufsagten, griff er in den **Sack** und zauberte allerlei **Naschwerk** hervor.

Das Christkind ist da

Endlich, endlich kam **Heiligabend**. Die Augen der Kinder strahlten erwartungsvoll, während sie mit Mama und den Geschwistern vor der geschlossenen Tür der Wohnstube standen, drinnen das **Glöcklein** hell erklingen hörten und wussten: Jetzt ist das Christkind da.

Dann wurde die Tür von innen geöffnet, Oma Minchen legte den Zeigefinger auf die Lippen und schweigend und voll ehrfurchtsvoller Erwartung lugten sie vorsichtig hinein, in der Hoffnung, doch noch einen Blick auf das Christkind erhaschen zu können. Doch leider war es gerade weg, denn es musste ja auch noch andere Kinder bescheren, wie Mama ihnen zuflüsterte.

Sind die Kinder endlich im Bett, feiern die Erwachsenen

Da strahlten die Augen von Max und Gustchen um die Wette mit den **Kerzen am Christbaum**, der mit selbst gebackenen Plätzchen, Äpfeln und mit **Gold- oder Silberbronze** bemalten **Nüssen, Strohsternen, Tannzapfen, Lametta und Wachskerzen** ganz farbenprächtig geschmückt war. Schließlich wurde gesungen: Von **„Oh Tannenbaum“** über **„Ihr Kinderlein kommet ...“** bis **„Oh du fröhliche ...“** mussten alle Weihnachtslieder dran glauben, wobei die Blicke der Kinder immer sehnsüchtiger auf den **Gabentisch** schielten und sie immer zappeliger von einem Bein aufs andere traten. Doch dann war es endlich so weit und feierlich wurden die **Geschenke** ausgepackt: eine neue **Puppenstube** für Gustchen, eine **„echte“ Dampfmaschine** für Max, und Wolfi erhielt seinen ersten **Füllfederhalter**, einen Pelikan Modell 100, grau marmoriert. Welch ein Geschenk! Doch nachdem sie sich eine Weile mit ihren Geschenken beschäftigt hatten, war es höchste Zeit fürs Bett, denn nun wollten die Erwachsenen ordentlich feiern. Und dabei konnten sie die Kinder nicht brauchen.

In der so genannten „Reichskristallnacht“ (9./10. November 1938) brennen jüdische Synagogen in ganz Deutschland. SA und SS zertrümmern Schaufenster jüdischer Geschäfte, demolieren Wohnungen jüdischer Bürger und misshandeln ihre Bewohner. Die traurige Bilanz des Terrors: 91 Tote, 2676 zerstörte Gottes- und Gemeindehäuser und 7500 verwüstete Geschäfte. Als Vorwand des „spontanen Akts des Volkszorns“ nutzen die Nazis die Ermordung des Legationssekretärs an der deutschen Botschaft in Paris, Ernst vom Rath, durch den erst 17-jährigen Herschel Grynszpan. Er will so auf die Abschiebung von 17000 polnischen Juden nach Polen aufmerksam machen, zu denen auch seine Eltern zählen. Die eingeschüchterte Bevölkerung verharrt während des Pogroms in geschocktem Schweigen. Nur wenige, die nicht der SA oder SS angehören, beteiligen sich aktiv an den Zerstörungen und den Brandschatzungen; auch nur wenige allerdings tätigen Hilfe für ihre jüdischen Nachbarn.

Hier konnte man auch mal „anschreiben" lassen

Himbeerbonbons von „Tante Emma"

Damals war der Kunde noch König und wurde bedient

Seit gut drei Wochen beauftragte Johanna ihren Wolfi immer öfter mit dem Einkaufen. Sie war hochschwanger und erwartete in wenigen Tagen ihr viertes Kind. Oma Minchen wollte lieber in ihrer Nähe bleiben, und so marschierte Wolfi los, eine große Tasche und den Einkaufszettel in der einen Hand, die Milchkanne in der anderen, und Gustchen neben ihm zog den kleinen Max auf seinen noch unsicheren Beinchen hinter sich her. Sie waren immer gern mit Mama zum Einkaufen gegangen, denn Kinder bekamen beim Bezahlen oft ein **Bonbon** oder beim Metzger eine Scheibe **Wurst extra**. Und nun durften sie sogar ganz alleine einkaufen und waren mächtig stolz.

Apropos Bezahlen: Wenn der Monat wieder mal länger dauerte als das Geld reichte, war es durchaus üblich, **„anschreiben"** zu lassen.

Man wurde noch bedient

Lebensmittel und Güter des täglichen Bedarfs wie Putz- und Waschmittel kaufte man in der Nachbarschaft in einem der vielen kleinen **Kolonialwaren-Geschäfte**, die später liebevoll **„Tante-Emma-Laden"** genannt wurden. Allesamt kleine Familienbetriebe, waren sie vollgepfropft mit Regalen, Fässern, Gallonen und Werbeschildern und ihre Einrichtung bestand überwiegend aus dunklem Holz. Der Kunde wartete vor der **Theke**, hinter der die Kaufleute ihre Kundschaft bedienten. Selbstbedienung war noch ein Fremdwort, man musste sagen, was man haben wollte. Man kannte weder Plastiktüten noch Tetrapaks, auch noch keine eingeschweißten Verpackungen oder Cellophan, sondern einfache Kartons oder **Papiertüten**. Lebensmittel wurden „offen“, das heißt, nicht fertig verpackt verkauft: Zucker, Mehl und andere „trockene“ Lebensmittel lagerten in schräg nach vorn aufklappbaren Laden, wurden in Tüten abgepackt und abgewogen. Essig und Öl bekam man in leere Sprudelflaschen abgefüllt. Addiermaschinen waren noch nicht erfunden, also notierten die Kaufleute den Einkauf mit dem Bleistift auf einem Zettel und rechneten im Kopf die zu zahlende Summe aus. Und benötigte man noch dringend etwas nach Ladenschluss oder am Wochenende: Kein Problem, denn sie wohnten gleich hinter oder über dem Laden.

Auf der Theke standen eine alte **Waage mit gusseisernen Gewichten** sowie hohe **Bonbongläser**, darin brauner **Kandiszucker**, **Traubenzuckerstücke** und grüne **Minzbonbonwürfel** oder Bonbons, die wie **Himbeeren** aussahen und lecker schmeckten. Für fünf Pfennig erhielt man acht Bonbons in einem kleinen spitzen Tütchen. Gustchen mochte am liebsten die **Lutscher von „Storck“**, die schmeckten nach Karamell und ließen ihr das Wasser im Munde zusammenlaufen. Wolfi dagegen war fasziniert von der Vielfalt der Gerüche, die dem Laden eine ganz eigenartige Atmosphäre gaben und ihn von fernen Ländern träumen ließen.

Hopfen und Malz, Gott erhalt's

Brot kaufte man in der **Bäckerei**, die es ebenfalls an jeder Ecke gab. Auch **Zwieback** erhielt man dort. Den aß man trocken, mit Quark beschmiert oder mit Obst belegt und hatte so kleine Törtchen. Auch für einen Auflauf, z.B. einen **„Kirschenmichel“**, den ihr Konrad besonders mochte, verwandte Johanna gern Zwieback. Fleisch und Wurst erhielt man beim **Metzger**, immer frisch, denn er stellte seine Ware in eigener Schlachtung selbst her. Beim Abwiegen des Aufschnitts hieß es dann regelmäßig: **„Und, darf's denn 'n bisschen mehr sein?“**

Wenn Konrad oder Opa Gottlieb am Samstagabend mal Lust auf ein **Bierchen** hatten, schickten sie Wolfi mit dem **Zweiliter-Siphon** in die nächste Kneipe um die Ecke. Dort erhielt man u.a. das örtliche Bier aus der Privat- oder Klosterbrauerei, die es damals in noch weit größerer Anzahl gab als heutzutage. Biervorrat in Flaschen zu Hause, der Kasten im Keller? Diese heutige Normalität war damals noch eine Seltenheit. Ihre Adler- oder Franziskanerbräu oder wie sie alle hießen lieferten die Brauereien in **Holzfässern** und mit **Pferdewagen** an die Gasthäuser. Und zur Kühlung brachten die Kutscher dicke lange **Eisstangen** mit.

Apropos Kühlung: Die Lebensmittellagerung ohne elektrischen Kühlschrank oder Tiefkühltruhe war ein Problem. Wohl dem, der einen kühlen Keller oder eine Speisekammer hatte! Man kaufte also nur so viel, wie man für den direkten Verzehr benötigte. Bevorraten konnte man nur Kartoffeln im Keller, abgesehen vom eingekochten Obst und Gemüse oder dem **Sauerkrautfässchen**.

Schwupps, da war die Kanne weg!

Falls der „Tante-Emma-Laden“ auch **Milch** und Molkereiprodukte wie **Quark**, **Buttermilch** und naturbelassenen **Joghurt** führte, wurden diese in einem separaten, gekachelten Raum abgegeben. Es gab aber auch spezielle **Milchläden**. Die Milch – Vollmilch mit 3,4–4% oder Magermilch mit 0,3–1,8% Fettanteil – wurde aus großen Kannen mit dem Messbecher in die mitgebrachte Milchkanne aus Blech oder Aluminium geschüttet. Auf dem Land konnte auch auf den umliegenden Bauernhöfen gegen Abend frische Milch gekauft werden. Die war warm und schmeckte besonders lecker.

Auf dem Nachhauseweg dann packte Wolfi der Übermut: Die Kanne hatte einen Deckel, der umgestülpt ein Gefäß bildete. Das goss Wolfi voll, gab Gustchen und Max zu trinken und auch sich selbst. Mama wird schon nicht merken, dass was fehlt. Dann nahm er die Kanne und schleuderte sie mit ausgestrecktem Arm im Kreis herum im Vertrauen auf die Schwerkraft, die die Milch in der Kanne hielt. Bis der Henkel an der Kanne abriss, sie in weitem Bogen von ihm flog und die Milch auf der Straße verschüttete. Zu Hause gab’s dafür eine gehörige Tracht Prügel und eine ganze Woche Hausarrest. So mit Lebensmitteln umzugehen, sei eine Sünde, schimpfte Oma Minchen.

Braune Hemden und blonde Zöpfe

Zackige Lehrer ließen Schüler strammstehen

In Wolfis Schule kamen die größeren Jungen nun immer häufiger in **braunen Uniformen** zum Unterricht. Fühlten sich mächtig stark und stolz und schikanierten die Kleinen, wo sie nur konnten. Und prahlten damit, dass sie in Uniform jetzt nicht mehr von den Lehrern gehauen werden durften. Das machte die Jüngeren natürlich neidisch und sie fieberten dem Tag entgegen, an dem sie zehn wurden, damit auch sie ins **„Deutsche Jungvolk"** (DJ) aufgenommen werden konnten. Dort wurden die 10- bis 14-jährigen Jungen erfasst, während man der eigentlichen **Hitlerjugend** (HJ) erst ab 14 beitreten konnte. Bei den Mädchen hießen die entsprechenden Verbände **Jungmädelbund** (JM) und **Bund Deutscher Mädel** (BDM). Sie trugen einen dunkelblauen Rock mit eingeknöpfter weißer Bluse und ein Fahrtentuch. Und ihre bevorzugte Frisur waren **lange Zöpfe**. Aber das interessierte Gustchen die Bohne; die kleine ABC-Schützin war gerade dabei, ihre ersten Buchstaben mit quietschendem Griffel auf die Schiefertafel zu kritzeln und biss sich dabei vor lauter Konzentration auf die Unterlippe.

Mit „Deutschem Gruß"

Auch **Lehrer** sah man nun vermehrt in **Uniform** oder mit dem **Parteiabzeichen**. Und sie ließen sich nicht mehr mit: „Guten Morgen, Herr Lehrer" grüßen, sondern mit **„Heil Hitler"** und bellten ebenso zurück. Ganz Überzeugte knallten dabei die Hacken zusammen und ließen zackig den rechten Arm vorschnellen. Sie machten keinen Hehl aus ihrer Mitgliedschaft in der **SA**, germanische Götter und Helden bekamen in ihrem Unterricht Ehrenplätze und ihre Zöglinge mussten die germanischen Namen der Wochentage und Monate lernen.

Dass plötzlich der sportlichen Ausbildung ein viel stärkeres Gewicht zubemessen wurde als der klassisch-humanistischen, stieß zumindest bei den Jungen nicht so sehr auf Widerstand; dass ihnen damit eine **„völkische"** und **kämpferische Gesinnung** eingepflanzt und sie auf ihre Aufgaben als zukünftige Soldaten vorbereitet werden sollten, konnten sie nicht ahnen. Sie kannten ja auch nicht die Bekanntmachung des Staatsministers für Unterricht und Kultur vom 26.3.1938, in der es hieß: „Ziel und Inhalt der Erziehung ergeben sich aus der nationalsozialistischen Weltanschauung, die in Volksgemeinschaft, Wehrhaftigkeit, Rassenbewußtsein und Führertum die erhaltenden und bewegenden Kräfte der Nation erkennen."

„Horst-Wessel-Lied" auf dem Schulhof

Wenn es etwas zu feiern gab – zum Beispiel einen der vielen neuen Nationalfeiertage, – musste die gesamte Schülerschaft auf dem Schulhof in Reih und Glied antreten. Der Schulsprecher in Jungvolkuniform machte dem Rektor in SA-Uniform Meldung. Dabei knallte er die Hacken zusammen und hob den rechten Arm. Das machte Eindruck auf Wolfi. So sahen ganze Kerle aus! So einer wollte er auch mal werden. Oh Mann, wenn er doch nur endlich zehn würde!

Auf einem Podest, das mit **Hakenkreuz-Fahnen** geschmückt war, standen die Lehrer. Nun ließ der Rektor strammstehen und hielt eine zackige Rede über Deutschland. Was er sagte, verstand Wolfi nicht ganz. Hörte immer nur wieder die Worte „Führer" und „Deutschland" und „Ruhm" und „Vaterland" und begann sich allmählich zu langweilen. Musste gähnen und war froh, dass er nicht in der ersten Reihe stand. Als die Rede schließlich mit **Sieg-Heil-Rufen** auf den Führer endete, sangen alle die Nationalhymne und anschließend: **„Die Fahne hoch ...“** Während des fast zweiminütigen Gesangs musste man den rechten Arm zum **Deutschen Gruß** heben. Das war ganz schön anstrengend. Wenigstens konnten die im zweiten und dritten Glied ihre Arme auf der Schulter des Vordermanns abstützen, die im ersten Glied allerdings mussten durchhalten. Danach war meistens schulfrei.

Dienst für den „Führer“

Als am 25.3.1939 die Jugenddienstverordnung in Kraft trat, wurde die Mitgliedschaft in HJ und BDM für alle Kinder ab zehn Jahren gesetzliche Pflicht. Dem Tag seiner Aufnahme ins Jungvolk hatte Wolfi schon lange entgegengefiebert, und endlich war er da. Vorschriftsmäßig trug er eine kurze dunkle Hose und ein weißes Hemd – das Braunhemd durfte erst nach der Aufnahme getragen werden – und legte mit den anderen sein Gelöbnis ab: „Ich verspreche, in der Hitlerjugend alle Zeit meine Pflicht zu tun in Liebe und Treue zum Führer und unserer Fahne, so wahr mir Gott helfe.“ Jetzt endlich fühlte er sich als „ganzer Kerl“. Der **„Dienst“**, den die frisch gebackenen **„Pimpfe“** von nun an verrichten mussten, fand am Mittwoch- und Samstagnachmittag statt. Er bestand in Ordnungs-

1926 als Untergliederung der NSDAP gegründet, versuchte die Hitlerjugend (HJ) die Jugend mit Fahrten und Lageraufenthalten, Sport, Spiel und Singstunden an sich zu binden.

Nach der „Machtergreifung“ 1933 wurden alle anderen Jugendorganisationen verboten oder mussten sich der HJ anschließen. 1936 wurde die HJ zur Staatsjugend und ab 1939 wurde die Mitgliedschaft für alle Kinder ab 10 Jahren zur zwangsweisen Pflicht.

Die uniformierten Gruppen waren nach militärischem Vorbild gegliedert und wurden durch ältere Jugendliche geführt. Die Jungen trugen ein braunes Hemd mit roter Armbinde und dunkle, kurze Hosen; die Mädchen einen dunkelblauen Rock, weiße Bluse und das schwarze Tuch mit dem Knoten.

10–14-jährige Jungen gehörten zum Deutschen Jungvolk (DJ), Mädchen zum Jungmädelbund (JM), 14–18-jährige Jungen waren in der Hitlerjugend organisiert, die gleichaltrigen Mädchen im Bund Deutscher Mädel (BDM). An Vorabenden des Geburtstags des „Führers“ Adolf Hitler sowie auf Reichsparteitagen wurden die „Pimpfe“ und „Jungmädel“ ebenso feierlich verpflichtet wie die in die HJ und den BDM überführten 14-jährigen Jungen und Mädel; die über 18-jährigen HJ-Mitglieder wurden feierlich in die NSDAP aufgenommen und öffentlich vereidigt.

Buben fuhren ins Zeltlager ...

dienst, Gelände-, Sport- oder Heimdienst. Hinzu kam öfters Dienst am Sonntag, besonders zu **Aufmärschen** und schließlich später noch mancher Kriegsdienst. Am ehesten fanden die Jungen Spaß an **Geländespielen**, **Fahrten** und **Lagern**. Dort lernten sie Zelt- und Kochstellenbau, anschleichen, melden, tarnen, Entfernungen schätzen sowie das Lesen der Landkarte. Und **boxen** – diese Sportart war für die Nazis besonders wichtig. Dass es sich hierbei um eine vormilitärische Ausbildung handelte, war kaum jemand klar.

Mit blauem Rock und weißer Bluse

Auch die Mädchen im BDM hatten ihren **„Dienst“**, der natürlich der NS-Ideologie gemäß mehr auf soziales Engagement und die Rolle der Frau als Mutter ausgerichtet war. Neben den Heimabenden der **„Mädelschaften“** mit Volks- und Rassenkunde, kultureller Erziehung, mit Volkstänzen und Liedern, Aneignung hauswirtschaftlicher Fähigkeiten sowie Sport haben sie z.B. für kinderreiche Mütter die Kinder ausgefahren, damit diese sich auch einmal frei nehmen konnten. Sie sammelten für die **„Winterhilfe“** und engagierten sich in der Organisation von Ferienlagern für Erholungsbedürftige oder in der **Kinderlandverschickung** (KLV). Mit der Einführung des Pflichtjahrs für alle ledigen Frauen unter 25 musste ab 1938 zudem eine einjährige Tätigkeit im Haushaltsdienst, in der Soldatenbetreuung, der Erntehilfe, im Luftschutz oder im Nachrichtenwesen geleistet werden.

Johanna und Konrad, die Hitler und der NSDAP skeptisch gegenüberstanden, waren froh, dass die inzwischen siebenjährige Guste, der vierjährige Max und erst recht ihre einjährige Lilli noch zu jung für die Hitlerjugend waren. Schlimm genug, dass Wolfi ein so glühender Mitläufer geworden war.

... Mädchen betätigten sich bei Gymnastik

Meist nachts werfen die alliierten Bomber ihre tödliche Last ab ...

Schlaflose Nächte

Die alliierten Bomberverbände kamen nachts

Dann, ab Mai 1940, als die ersten **Bomben auf das Ruhrgebiet** fielen, begann der Krieg auch Wolfi und seine Familie einzuholen. Friedrich war als **SS-Oberscharführer** in Paris stationiert und genoss im Kreise seiner Kameraden das Besatzerleben am Place Pigalle. Nach seinen Heimaturlauben wurde Paula regelmäßig schwanger und sie hatten inzwischen ihr Ehestandsdarlehen nicht nur „abgearbeitet", sondern weit übertroffen, wofür sie bereits das silberne **Mutterkreuz** erhalten hatte. Im Gegensatz zu seinem Schwager war Friedrich ein „Hundertfünfzigprozentiger" und versuchte immer wieder, auch Konrad für eine SS-Karriere oder wenigstens den Eintritt in die NSDAP zu gewinnen. Doch der lehnte jedes Mal ab. „Sei froh, dass ich dein Schwager bin", sagte Friedrich dann stets, „sonst hättste schon längst Ärger gekriegt. Aber ich weiß wirklich nicht, wie lange ich dich noch schützen kann."

Krieg, was ist das?

Wolfi hatte das Wort „Krieg" zwar immer wieder von den Eltern oder in der Schule gehört, doch verband er nichts Konkretes damit. Er hörte, dass der Vater von Karl, der Onkel von Helga und der große Bruder von Hans-Jürgen **„in den Krieg"** mussten. Und auch Onkel Friedrich war ja dort. Aber was das genau war, in das sie da hinein mussten, konnten sich zehnjährige oder noch jüngere

... und hinterlassen Trümmer, die Menschen am Tag mühsam beseitigen

Kinder beim besten Willen nicht vorstellen. Es war so abstrakt, so weit weg für sie, und ihren Fragen wichen die Eltern meist aus. „Dafür bist du noch zu jung", hieß es dann nur mit bedeutungsvollem Seufzen.

Doch als dann das **schrille Jaulen der Sirenen** immer häufiger zu hören war, sie die angstvollen Gesichter der Erwachsenen sahen, ihre Hektik verspürten, mit der sie den Größeren das vorbereitete **Luftschutzgepäck** in die Hand drückten und die Kleinen bei der Hand packten oder auf den Arm nahmen und schnell in den **Keller** eilten, da dämmerte auch ihnen, dass ihre bisher heile Welt aus dem Lot geraten war. Zum ersten Mal hörten sie das Wort **„Fliegeralarm"**. Danach saßen sie verängstigt im Keller und hielten sich die Ohren zu, als sie das Heulen und Pfeifen und die **Detonationen der Bomben** hörten. Und als die Erwachsenen von **„Christbäumen"** sprachen, dachten sie irritiert an Weihnachten und wussten nicht, dass damit die großkalibrigen Leuchtbomben des Gegners zur Zielmarkierung gemeint waren.

Singen gegen die Angst

Meist waren die Alarme mitten in der Nacht. Da hieß es raus aus dem Bett, anziehen, Kinder und Luftschutzgepäck nehmen und ab in den Keller. Auch wenn sie hundemüde waren, an Schlaf war jetzt nicht mehr zu denken. Um sich und ihre Kinder im Luftschutzkeller abzulenken, sangen Johanna und andere Mütter Lieder mit ihnen oder erzeugten mit den Händen Schattenspiele und erzählten Geschichten oder Märchen. Während die einjährige Lilli den Lärm meist verschlief, Max sich vor Angst an Oma Minchen klammerte und heulte, saßen Gustchen und Wolfi still in einer Ecke, die **Feuerpatsche** im Blick, und warteten darauf, dass sie im Falle eines Falles das in der Schule unter dem Stichwort **„Brandbekämpfung"** Gelernte anwenden mussten. Die Männer wie Opa Gottlieb oder Konrad, die nicht als Soldat im Feld waren, halfen meist draußen bei der Brandbekämpfung, denn die Feuerwehren waren hilflos überlastet.

Propaganda ...

KLV – Sicherheit auf dem Lande

Als die Luftangriffe zunahmen, brachten Eltern ihre Kinder, besonders in gefährdeten Ballungsgebieten, mit der so genannten **„Kinderlandverschickung"** (KLV) aufs Land in Sicherheit. Auch Wolfi sowie Gustchen, die vor kurzem nach ihrem zehnten Geburtstag bei den Jungmädels aufgenommen worden war, gingen mit ihren Klassen in ein KLV-Lager. Gustchen plagte schon am dritten Tag das Heimweh, worüber Wolfi als altgedienter Hase nur lachen konnte.

Die Nazis, die mit der HJ die organisatorische Verantwortung für die KLV trugen, nutzten diese geschickt aus und setzten die Kinder, die oft über Monate, bisweilen auch Jahre in Schullandheimen, Zeltlagern, Pensionen oder Jugendherbergen dem Einfluss des Elternhauses entzogen waren, einer **politischen und ideologischen Beeinflussung** sowie **paramilitärischem Drill** aus. Fernab von Elternhaus und Schule konnte das NS-Regime so über die HJ im Sinne der nationalsozialistischen Ideologie auf die Kinder einwirken. Wolfi war das egal. Er war begeistert vom Lagerleben, liebte die romantischen Nächte am Lagerfeuer und die Geländespiele, bei denen er zeigen konnte, was er drauf hatte.

... und Wirklichkeit

„Mama, wer ist der fremde Onkel?"
Soldat auf Heimaturlaub

Ein den Nazis willkommener Nebeneffekt der KLV war, dass viele Mütter so für den zunehmenden Bedarf an Arbeitskräften in der Rüstungsindustrie freigestellt wurden.

„... dein Vater ist im Krieg"

Diese Zeile aus dem Maikäferlied holte schließlich auch Konrad und seine Familie ein: Nachdem im Februar 1943 die **6. Armee bei Stalingrad kapituliert** hatte, erhielt er im Mai seinen **Stellungsbefehl** und wurde nach nur zweimonatiger Schnellausbildung sofort an die Ostfront verlegt. Dort fiel er in der Schlacht bei Kursk in den ersten Julitagen. Kurz darauf überbrachte der **Ortsgruppenleiter** der NSDAP Johanna die traurige Nachricht, Konrad sei **„für Führer, Volk und Vaterland"** gefallen. Mama nahm ihre beiden Kleinen in den Arm und weinte bitterlich. Dann fuhr sie ins KLV-Lager und unterrichtete Gustchen und Wolfi. Dass sie ihren Papa nun nie mehr wiedersehen würden, konnten sie sich einfach nicht vorstellen. Auch unter ihren Freunden hörten sie von immer mehr Vätern, die **„den ehrenhaften**

Gefallen für „Führer, Volk und Vaterland"

Heldentod" gestorben waren. Doch in seiner jugendlichen Naivität glaubte Wolfi noch immer der Propaganda seiner HJ-Gruppenführer, die von einer **„Wunderwaffe"** und dem bevorstehenden **„Endsieg"** redeten, auch wenn es bis dahin das „wertvolle Leben" ihrer Väter kostete.

Für etwas über ein Jahr war nun Opa Gottlieb das Familienoberhaupt; doch schon im September 1944, als der **„Volkssturm"** gebildet wurde, um alle noch nicht kämpfenden Männer zwischen 16 und 60 Jahren für die **„Verteidigung des Heimatbodens und den deutschen Endsieg"** aufzubieten, rückte auch er in die Kaserne ein und Wolfgang – wie er sich jetzt rufen ließ – kehrte aus der KLV zurück und musste von nun an „seinen Mann" an Mamas Seite stehen.

Mit dem angeblichen Überfall auf den Sender Gleiwitz – tatsächlich hatte die SS drei tote KZ-Häftlinge in polnische Uniformen gesteckt – beginnt am 1. September 1939 der **Zweite Weltkrieg**: „Seit 5.45 Uhr wird zurückgeschossen", brüllt Hitler vor dem Reichstag und begründet so den fehlenden Vorwand des längst geplanten Krieges. Die „Schleswig-Holstein" feuert auf polnische Stellungen bei Danzig, Panzer stoßen gen Osten vor und Bomber stürzen sich auf Weichselbrücken. 54 Divisionen mit 1,5 Millionen Soldaten überrollen das Land. Polen kann gerade mal ein Drittel der 3200 deutschen Panzer und ein Fünftel der 1929 Flugzeuge aufbieten. Daneben sind Technik und Taktik veraltet: Bisweilen versucht Kavallerie, den deutschen Panzern Einhalt zu gebieten. Zu Hause verkündet die NS-Propaganda den Angriff als verdiente „Strafaktion" gegen polnische Grenzverletzungen. Bereits am 27. September kapituliert die polnische Armee, der „Blitzkrieg" ist „gelungen". Frankreich und England erklären Hitler zwar den Krieg, militärische Operationen allerdings beschränken sich vorerst auf die See. – Nach und nach fällt Hitler fast ganz Europa in die Hände und am 22. Juni 1941 greift er die Sowjetunion ohne Kriegserklärung und in beispielloser Selbstüberschätzung an. Japan beginnt mit dem Überfall auf Pearl Harbour am 7. Dezember 1941 den Krieg gegen die USA. Daraufhin erklärt auch Hitler, seinen Bündnispflichten mit Japan nachkommend, den USA den Krieg. Von jetzt an brennt die halbe Welt. – Als der Zweite Weltkrieg nach sechs Jahren endet, hat die Welt ein epochales Inferno erlebt und – überlebt. Allein in Europa starben über 19 Millionen Soldaten und knapp 15 Millionen Zivilisten. Die Atombomben in Hiroshima und Nagasaki töteten und verstümmelten Hunderttausende. Neun Millionen Menschen wurden in Lagern ermordet oder starben an Hunger, Kälte oder Krankheit. Fast zehn Millionen nach Deutschland verschleppte Zwangsarbeiter, zwölf Millionen vertriebene Deutsche und Millionen Kriegsgefangene, die teilweise erst 1955 ihre Heimat wiedersahen, gehören ebenfalls zu den Opfern. Und: Nach Jahrtausenden europäischer Vorherrschaft bestimmten nun Amerikaner und Sowjets den Gang der Weltgeschichte.

In vielen Städten blieb kein Stein auf dem anderen

Trümmer, Trümmer, nix als Trümmer ...

Wohnungsnot und Versorgungskrise

Irgendwann kam dann für jede größere oder kleinere Stadt das endgültige Aus. 1943, 1944 oder erst kurz vor der Kapitulation im Mai 1945. Das hing zum Einen davon ab, welchen militärischen Stellenwert die Alliierten ihr zumaßen. Zum Anderen setzte zum Schluss das **„moral bombing“** ein, das Bombardement, das die Moral der Bevölkerung brechen und so zum schnelleren Kriegsende führen sollte. Dem fielen Städte wie **Darmstadt**, **Köln** oder **Kassel** zum Opfer, die bis zu 80% zerstört wurden. Nachdem die Bomber die Städte in schreckliche **Trümmerwüsten** verwandelt hatten, bestimmten Schuttberge, ausgebrannte Fassaden und grotesk in den Himmel ragende Ruinen ihr Bild. Tausende von Menschen waren umgekommen und zigtausend obdachlos geworden.

Wolfgang mit seinen 15 Jahren erlebte die letzten Kriegstage als **Flakhelfer**; auf der einen Seite durch die HJ zum Kampf erzogen, verstand er andererseits doch nicht die gesamte Tragweite dessen, was um ihn herum passierte. Ein bisschen empfand er es immer noch als Spiel, wie die Geländespiele bei der HJ. Gustchen hatte zuletzt noch mit der Klasse **Stanniolstreifen einsammeln** müssen, die die alliierten Bomber zur Störung des deutschen Radars abgeworfen hatten. Sie war ernst und ängstlich geworden und hielt sich an ihrer einzigen über den Krieg geretteten Puppe fest, während für die beiden Kleinen der Krieg Alltag gewesen war; sie kannten es nicht anders.

Wer hat Angst vor'm schwarzen Mann?

„Häf Ju Schewing-Gumm?“ Irritiert schaute der **farbige Soldat** die Kinder an, er verstand nur Bahnhof. Als aber Wolfgang und Klara, die mit der ganzen Horde neben dem Jeep herliefen, kauende Bewegungen machten, leuchteten die Augen des GIs auf und er hielt den Wagen an. „Oh, **chewing gum**, that's what you want!“ rief er aus und warf der Meute lachend den **Kaugummi** gleich päckchenweise zu.

So mag manche erste Begegnung von Kindern mit den einrückenden Besatzern ausgesehen haben. Aber nur bei den Amis, die gaben mit vollen Händen. Die Engländer und Franzosen waren weitaus geiziger und die Russen arme Teufel, die selbst nichts hatten.

Überall aus den Fenstern hingen **weiße Fahnen**, dennoch kam es beim Einzug der Besatzer gelegentlich zu Grausamkeiten gegenüber der Bevölkerung. Hier taten sich besonders die Russen und bei den Franzosen die Marokkaner hervor: Sie nutzten das Chaos der ersten Tage und plünderten und vergewaltigten, bis die jeweilige Militärregierung dem Treiben Einhalt gebot.

Wellblech, Bretter & Dachpappe

Als Folge der Zerstörung herrschte in vielen Städten immense **Wohnungsnot**. Die ausgebombten Menschen versuchten, bei Verwandten unterzukommen oder gingen aufs Land. Viele von denen, die in der Stadt blieben, hausten in Kellern, behelfsmäßig hergerichteten Ruinen, Massenunterkünften, notdürftig errichteten Baracken und ähnlichen meist einfachen **Notquartieren** oder waren zur Untermiete untergekommen. Überall entstanden Provisorien aus Balken, Wellblech, Brettern und Dachpappe, die z.T. erst Mitte der 50er Jahre wieder verschwanden.

Hauptsache, man hatte ein Dach über'm Kopf!

Aber nicht nur Wohnraum, auch viele Geschäfte waren zerstört. Zwischen Hausruinen, auf Hinterhöfen und in Kellern entstanden Provisorien; weiß gestrichene Wände zwischen

Fassadenresten mit zugemauerten Fenstern zeigten an: „Hier gibt's was zu kaufen". Viele Geschäftsleute versuchten so, an ihrem angestammten Platz wieder Fuß zu fassen und hofften auf alte und neue Kundschaft, begnügten sich mit teilweise unzerstörten Gebäudeteilen oder erstellten zuerst nur das Erdgeschoss, um zu einem späteren Zeitpunkt die oberen Geschosse draufzusetzen.

Trümmerfrauen ...

Mühsam wurden die Steine vom Mörtel befreit und gestapelt

Es brauchte lange, bis von einem Beginn des Wiederaufbaus besonders in den Städten gesprochen werden konnte, dauerte doch allein die Räumung der Straßen vom Trümmerschutt oft bis Ende des Jahres 1946. Der Schutt wurde mit **Trümmerbahnen** zu Aufbereitungsanlagen abgefahren, wo neues Baumaterial daraus hergestellt wurde. Hierbei taten sich besonders die so genannten **„Trümmerfrauen"** hervor, die zum Symbol für den Aufbauwillen und die Bereitschaft zum Neuanfang im Nachkriegsdeutschland wurden.

Konrad war gefallen, Opa Gottlieb durch Granatsplitter schwer verwundet und Friedrich in Frankreich in Gefangenschaft: So oder so ähnlich sah es in den meisten Familien aus. Daher waren Johanna und Paula wie viele andere Frauen auf sich allein gestellt und mussten sehen, wie sie ihre Familien durchbrachten. Und wie viele andere auch machten sie sich ans Aufräumen, füllten die **Loren der Trümmerbahn** und klopften den Mörtel von wieder verwendbaren Steinen. Das garantierte ihnen nicht nur einen geringen Lohn von 60 Pfennig pro Stunde, sondern auch höhere Lebensmittelrationen. Und die hatten sie bitter nötig.

... und Trümmerkinder

Für Kinder hatten Trümmergrundstücke eine ganz andere Bedeutung: Es waren hervorragende **Abenteuerspielplätze**. Und nur die Größeren wie Wolfgang verbanden die Trümmer mit grausigen Bildern von brennenden Häusern und verzweifelten, verletzten oder gar toten Menschen. Doch auch für ihn wie für alle anderen waren es Abenteuerspielplätze mit **verwunschenen Gärten**, **verborgenen**

„Wenn du mich heiratest, baue ich uns ein Haus“

Kellern und **interessanten Klettermöglichkeiten**, in denen sie mit Begeisterung – aber natürlich verbotenerweise – spielten.

Verbotenerweise, denn das Betreten der Grundstücke war **lebensgefährlich**: Noch stehendes Mauerwerk konnte unvermittelt einstürzen, und dazu bedurfte es noch nicht einmal eines äußeren Anlasses. Decken konnten jederzeit unter einem wegbrechen und man landete unsanft einen Stock tiefer oder im Keller. Gravierender jedoch war, dass dort bis weit in die 50er Jahre hinein noch eine große Anzahl an **„Blindgängern“**, also nicht detonierten Bomben und Granaten zu finden war, die jederzeit hochgehen konnten. Doch, wie immer im Leben, hat gerade Verbotenes seinen besonderen Reiz: Da konnte mit noch so vielen Schildern gewarnt werden und die Eltern es noch so streng verboten haben, dem Reiz eines solchen „Abenteuerspielplatzes“ konnte sich auch das wohlerzogenste Kind nicht entziehen.

Wolfgang und Max sammelten mit ihren Vettern Hermann und Karl Metallsplitter, fantasievolle Gebilde aus geschmolzenem Glas und verglühte Steine und tauschten sie mit ihren Freunden. Alles sehr zum Ärger von Johanna und Paula, denn nach ihrer Buddelei sahen sie dementsprechend aus. Und manche der größeren Kinder entzündeten kleine Feuer und warfen gefundene **Flakpatronen** hinein, die dann laut knallend explodierten. Einige von ihnen sind dabei verletzt worden. Es sind sogar welche getötet worden.

Natürlich gab es auch Kinder, die nicht in den Trümmern spielten. Denen die leeren „Augenhöhlen“ der Kellerfenster unheimlich waren und Angst einflößten. Oder die einfach ihren Eltern gehorchten. Aber das waren dann eher die Mädchen.

Lebertran, Brause & Deutsche Mark

Lebensmittelmarken, Hamstern und Schwarzmarkt

Die Ernährungslage war überall mehr als dürftig. Um schwerwiegenden Versorgungskrisen vorzubeugen, wurde die bereits seit Beginn des Krieges eingeführte **Zwangsbewirtschaftung** beibehalten, das heißt, offiziell wurden alle Lebensmittel und Güter des täglichen Bedarfs nur gegen die hierfür ausgegebenen **Lebensmittelmarken** gehandelt. Das galt nicht nur für z.B. Brot und Zucker, sondern auch für solch selten benötigte Güter wie ein Ofenrohrknie.

Lebensmittelmarken, Hamstern, Schwarzmarkt

Angesichts einer Zuteilung von oft weit unter 1000 Kalorien pro Tag herrschte daher allenthalben Hunger, wobei die tatsächlich verfügbaren Lebensmittel in den seltensten Fällen mit den für die Markenausgabe errechneten Mengen übereinstimmten. Also versuchte man, die kargen Rationen durch **„Hamstern"** oder auf dem sich schnell etablierenden **Schwarzmarkt** aufzubessern; eine Zigarette hatte zeitweilig den Gegenwert von sieben Reichsmark und ein Paar nagelneue Schuhe brachte gerade mal ein Pfund Butter. Manch einer arbeitete bei einem Bauern auf den Feldern, auch Wolfgang, Gustchen und Klara in den Ferien oder nach der Schule. Wieder andere erbrachten Dienstleistungen wie Nähen oder verdingten sich als Handwerker. Die Entlohnung erfolgte überwiegend in Form von Naturalien.

Die Brause prickelte auf der Zunge

Wem zieht es nicht noch heute das Gesicht zusammen, wenn er an den täglichen Löffel **Lebertran** („Sanostol") denkt? Aber er musste eingenommen werden, zum Ausgleich des Vitaminmangels und zur Vorbeugung gegen Wachstumsstörungen.

Beliebt bei den Kindern dagegen war das **Brausepulver**: Das gab's in verschiedenen Geschmacksrichtungen; Max mochte lieber „Waldmeister", Gustchen und Klara dagegen „Orange". Das

Jedes Fleckchen Erde wurde genutzt, z.B. als Hühnerhof oder Obst- und Gemüsegarten

Pulver war in kleinen Tütchen verpackt, die man nur aufzureißen brauchte. Entweder schüttete man es auf die Hand und setzte es mit etwas Spucke an, das schäumte dann, bitzelte in der Nase und prickelte auf der Zunge; oder man schüttete es direkt in den Mund, und schon ging die Schäumerei dort los. Oder aber man löste es in einem Glas Leitungswasser auf und hatte den Vorläufer des Sprudels: eine **Brause**. Manchmal gab es auch Tee, der je nach Jahreszeit kalt oder warm getrunken wurde. Nach der Währungsreform dann auch Sprudel, Sinalco und Cola.

Ein Garten war „Goldes wert"

Auch die Natur eröffnete den Menschen Möglichkeiten, ihren kargen und nicht gerade abwechslungsreichen Speiseplan zu erweitern. Im Frühling wurde aus **Brennnesseln** eine Art **Salat** hergestellt; im Sommer ging Oma Minchen mit den Kindern in den Wald und sammelte **Himbeeren, Brombeeren, Erdbeeren** und **wilde Kirschen**, kochte sie ein oder machte **Saft** oder **Marmelade** daraus. Auch aus **Holunder** stellte sie einen leckeren Saft her. Später im Jahr ging sie mit den größeren Kindern **Pilze** sammeln und brachte ihnen bei, wie man die giftigen von den ungiftigen unterscheidet. Zu Hause wurden die Pilze dann eingelegt oder getrocknet.

Wohl dem, der einen **Garten** hatte. Darin wurde jedes Eckchen mit **Obst und Gemüse** bebaut, da gab es keinen Rasen, keine Blumenbeete oder gar einen Zierteich. Man zog Kartoffeln, Bohnen, Erbsen, Karotten, rote Beete, Gurken, Tomaten, Zwiebeln, Sellerie,

Salat, Weiß- und Rotkraut und alle möglichen Arten von Kräutern; ferner verschiedenes Obst wie Johannis- und Stachelbeeren, Äpfel, Kirschen, Pflaumen, Mirabellen, Birnen, Pfirsiche und Aprikosen. Solch ein Garten war „Goldes wert". Was nicht unmittelbar verbraucht wurde, kochte man ein, und so hatte man auch im Winter zwar kein frisches, aber immerhin Obst und Gemüse, denn importierte Ware, wie heute, gab's damals selbstverständlich noch nicht. Die hätte wohl auch kaum jemand bezahlen können. Im Übrigen war es so: **Was auf den Tisch kam, musste gegessen werden**. Hunger, sagt ein Sprichwort, ist der beste Koch. Und so war es dann auch.

„Rama macht das Frühstück gut ..."

Damals gab es noch keine elektrischen Geräte, die der Hausfrau die Hausarbeit erleichterten. Hausfrau war ein Fulltime-Job, zumal viele Frauen ihre gefallenen, vermissten oder noch gefangenen Männer ersetzen mussten. Schon früh am Morgen eines langen und mit Arbeit ausgefüllten Tages stand sie auf und bereitete das Frühstück vor. Die Kinder bekamen **Magermilch** zu trinken (die erhielt man ohne Lebensmittelmarken), die Erwachsenen bereiteten sich **„Muckefuck"**. Butter war für viele Kinder ebenso ein Fremdwort wie Brötchen, man aß Graubrot mit Margarine, z.B. **„Sanella"** („Sanella, die Feine, schmier aufs Brot, dann kriegst du Samba-Beine") oder **„Deli-Reform"** und **„Rama"** („Rama macht das Frühstück gut"), und wenn's einmal ganz fein schmecken sollte, wurde etwas Zucker draufgestreut. Mittags gab es oft **Suppen aus Steckrüben** oder vom **ausgekochten Knochen**, ein Stück trockenes Brot dazu oder eine Kartoffel. Und auch abends musste man sich mit Brot oder einer Suppe begnügen.

Und plötzlich gab's wieder alles

Waren anfangs noch leere Regale die Norm in den Geschäften der ersten Nachkriegsjahre, begann mit der Einführung der **D-Mark** und **Erhards Wirtschaftspolitik** das, was später als **„Deutsches Wirtschaftswunder"** in die Geschichte einging. Mit der durch die Währungsreform geschaffenen Kaufkraft wurde dem Schwarzmarkt nachdrücklich der Boden entzogen. Nachdem am 20. Juni 1948 jeder Bürger im Tausch gegen 60 Reichsmark 40 D-Mark erhalten hatte (zwei Monate später erhielt jeder noch einmal 20 D-Mark), füllten sich schlagartig die Schaufenster und Regale und plötzlich gab es wieder alles zu kaufen, was die Kaufleute zurückgehalten hatten oder nur auf dem Schwarzmarkt zu bekommen gewesen war.

„Not macht erfinderisch!", besonders in den Jahren nach Kriegsende. Das fängt mit elementaren Dingen an, zum Beispiel der Zeitung als Ersatz für Toilettenpapier. Und hört bei alltäglichen Dingen, wie dem **„Muckefuck"** noch lange nicht auf, jener oft belächelten und doch jahrelang getrunkene Notlösung für Bohnenkaffee, ein aus Getreide und Gerstenmalz hergestellter Kaffee-Ersatz, wie z.B. „Caro-Kaffee", „Kathreiner's Malz-Kaffee" oder „Linde's Kaffee". Der Name leitet sich vom französischen „mocca faux" (falscher Kaffee) ab und soll während des deutsch-französischen Krieges von 1870 eingedeutscht worden sein. Der „Muckefuck" ist keine Erfindung des Zweiten Weltkrieges; es gab ihn in weiten Teilen Europas schon seit dem späten Mittelalter. Seine erste Blüte erlebte er, als Friedrich der Große 1781 die Einfuhr von Bohnenkaffee mit hohen Zöllen belegte und man nach einer günstigen Alternative suchte. Danach trug Napoleon seinen Teil zur Beliebtheit des Getränkes bei, als er mit der Kontinentalsperre von 1806 bis 1812 den Überseehandel und damit die Einfuhr des Bohnenkaffees aus Südamerika unterband. Doch hat der Getreidekaffee noch viel ältere Wurzeln: Schon die Babylonier wie auch die Ägypter verwöhnten sich vor tausenden von Jahren mit einem Gebräu aus gerösteten Körnern.

„Nichts ist so alt wie die Zeitung von gestern", heißt ein geflügeltes Wort. Ein Sakrileg zu damaliger Zeit, war eine **Zeitung** doch weit mehr als ein purer Nachrichtenträger. Abgesehen von der weniger empfehlenswerten Verwendung als Zigarettenpapier („Und dann ging's furchtbar in die Hose", Seite 62) konnte man es an Lumpenhändler verkaufen; man brauchte es zum Anheizen, Einpacken und Fenster putzen; es ließ sich einweichen und zu Briketts pressen, die zumindest als Beimischung zum Brennstoff diesen etwas streckten; man konnte aber auch **Toilettenpapier** daraus herstellen. Dazu wurde eine Zeitung in etwa 15 x 15 cm messende Stücke zerschnitten und in handlichen Bündeln aufeinander gestapelt. Durch eine Ecke bohrte man ein Loch, zog eine dünne Kordel hindurch, und fertig war das Toilettenpapier zum Aufhängen. Es hatte nur ein paar Nachteile: Zum einen war es sehr steif, zum anderen hinterließ es schwarze Spuren auf dem Allerwertesten; und hatte man während der „Sitzung" mal einen interessanten Artikel gefunden, so war das Blatt mit der Fortsetzung garantiert schon vorher von jemand anderem verbraucht worden.

Auch in der **Mode** wusste man sich zu helfen. Oberstes Motto: „Aus Alt mach Neu" und „Nichts wird weggeworfen". Trennen, wenden, umfärben, Wolle aufribbeln ... der Fantasie waren keine Grenzen gesetzt. Fallschirme wurden zu Blusen, Fest- und Brautkleidern; aus Bettwäsche stellte man Kinderkleider und Unterwäsche her; aus alten Uniformen wurden Mäntel, Kostüme und Röcke geschneidert, und Wolldecken wurden zu Jacken und Mänteln. Alles war zu irgendetwas zu gebrauchen, nichts wurde weggeworfen, auch keine Reste. Die wurden gesammelt und an den Lumpensammler verkauft, oder sie wurden zu „Fleckerlteppichen" verwoben oder man brauchte sie ganz einfach selbst als Putz- und Scheuerlappen. So wurde alles verwendet, und was man nicht selbst verwerten konnte, wurde verkauft, getauscht oder verschenkt.

Ist er nicht fesch mit seinem Janker, der kurzen Hose und den langen Wollstrümpfen und Stiefeln?

Leibchen und kratzende Strümpfe

Das „Drunter“ und „Drüber“ in der Nachkriegszeit

Für Johanna und Paula war nach all den Jahren der Entbehrungen und Angst, in denen das eigene Überleben wichtiger war als alles andere, gepflegte und **modische Kleidung** nun wieder etwas Erstrebenswertes. Zwar dauerte es noch Jahre, bis das äußere Erscheinungsbild der in Trümmern liegenden Städte wiederhergestellt war, das eigene jedoch konnte man mit relativ einfachen Mitteln rasch wieder flottmachen. Dazu genügten das **Auftrennen**, **Wenden** und eventuell **Färben** alter Kleidung oder das **Umfacionieren** eines Hutes. Bewunderten sie die Filmdiven aus Hollywood zuerst nur, so versuchten sie ihnen mehr und mehr nachzueifern und sich so wie sie zu kleiden. Schneider und Näherinnen waren viel beschäftigt. **Nylons** waren ebenso begehrt wie die ungewohnt **spitz zulaufenden BHs**. Und schon 1949 startete der **Bikini** seinen aufsehenerregenden Siegeszug in die Welt der Damenbademode.

Kratzende Strümpfe: eine einzige Folter

Doch in den ersten Jahren mussten sie noch mit einer Reihe von Provisorien vorlieb nehmen. Man versuchte, aus jedem Flicken ein brauchbares Kleidungsstück herzustellen. Alte Militärmäntel wurden zu flotten Herrenjacken; Wollsachen aufgetrennt und neu gestrickt; aus Fallschirmseide entstanden Kleider und Blusen. Nichts wurde weggeworfen, und was kaputt war, wurde repariert. Man stopfte Socken über dem Holzei und brachte Schuhe zur Reparatur zum Schuster.

Lange war das „Drunter", besonders für die Kinder, eine einzige Folter. Die **langen braunen Strümpfe kratzen** beim Gedanken daran vielen Frauen, die diese Zeit als Mädchen erlebt haben, noch heute auf der Haut. Mit einem **Strumpfgürtel** mussten diese Folterdinger getragen werden. Welch ein Segen, als dann später die Strumpfhosen aufkamen. Unvergessen sind auch die innen aufgerauten hässlichen Trainingshosen oder die einteiligen Schlafanzüge.

Buben trugen Sommer wie Winter meist kurze Hosen, und im Winter ebenfalls die langen gestrickten und furchtbar **kratzenden Wollstrümpfe** darunter, die mit Strumpfhaltern aus Gummi am so genannten **„Leibchen"** befestigt wurden. Max und Hermann, beide zehn Jahre alt, schämten sich zu Tode und fühlten sich wie Mädchen. Eine Schande war's für jeden richtigen Buben! Max zog es daher vor, die Strümpfe nur mit Einmachringen festzumachen. Im Sommer trugen sie **Kniestrümpfe**, ebenfalls aus Wolle gestrickt, aber an Schienbein und Wade war die Haut ja nicht so empfindlich. Wolfgang hatte da gut lachen: Er trug schon lange Hosen.

Nur echt mit dem Hornknopf am Hosenträger

Die echten „Krachledernen"

Viel getragen wurden auch **Lederhosen**. Die echten, die mit dem Latz vorn und zum Knöpfen. Je speckiger sie glänzten, umso wertvoller waren sie in den Augen ihrer Träger. Neue Hosen, deren Leder noch weich war und sich rau anfühlte, mussten in stundenlanger Kleinarbeit „bearbeitet" werden, mit altem Fett oder Margarine, damit sie hart und speckig wurden. Lange Hosen trugen Buben meist erst ab der Konfirmation bzw. einem Alter von etwa 14

Jahren, wenn die, die keine weiterführende Schule besuchten, eine Lehre antraten. Für Mädchen war das Tragen von Hosen verpönt, die trugen **Kleid** und **Schürze**, und wenn es kälter wurde, einen **Wollpullover** drüber und ebenfalls lange Strümpfe und **Wollschlüpfer** drunter. Zog ein Mädchen dennoch einmal Hosen an, so war es bald als „Mannweib" verschrien.

Auch Mützen, Schals und Fäustlinge strickten die Mütter und Großmütter aus Wolle, die häufig aus aufgetrennten alten Sachen wiedergewonnen wurde. Und nichts wurde weggeworfen: Zerrissenes wurde geflickt, Strümpfe gestopft, und, was zu klein geworden war, an die Geschwister weitervererbt oder mit anderen Familien getauscht.

Das Titelbild der Zeitschrift „Chemie in unserer Zeit", Heft 3, Jahrgang 1980 zeigt einen mit Holz und Torf betriebenen Oldtimer aus dem Jahre 1936 (Adler-Diplomat). Sein Besitzer hatte das Auto 1945 gekauft und bis 1952 etwa 90000 km zurückgelegt.

Als das Benzin im Laufe des Zweiten Weltkrieges immer knapper wurde und fast nur noch „kriegswichtigen Einsätzen" vorbehalten war, machte auch hier die Not erfinderisch: Man produzierte Holzgas-Anlagen für Personen- und Lastkraftwagen. Die **„Holzvergaser"** funktionierten folgendermaßen: Zunächst musste im Generator mit Holzkohle ein Feuer entzündet werden. Wenn sich Glut gebildet hatte, wurde von oben Holz nachgeschüttet. Alle Nadel- und Laubhölzer waren geeignet, mussten aber trocken sein. Ideal waren Holzstücke von der Größe einer Streichholzschachtel. Man rechnete 3,5 kg Tankholz für 1 kg Benzin. Torf und Braunkohle in brikettierter Form wurden ebenfalls eingesetzt. Das Anlassen war eine Prozedur für sich. Durch das Anfachgebläse mit Elektro- oder Handkurbelantrieb wurde Frischluft in den Herd geblasen und durch das Zündloch gezündet. Nach zwei bis fünf Minuten konnte man starten und ließ den Motor kurze Zeit mit niederer Drehzahl warmlaufen. Während der Fahrt war es ratsam, immer ein Ohr für den Motor zu haben, um Leistungsverluste etc. zu erkennen. Alle 90 Minuten Fahrzeit erforderten eine Kontrolle. Auch das abendliche Abstellen der Anlage erforderte eine Reihe von Maßnahmen. Sie sollte möglichst zu drei Viertel leergefahren sein. Die Entlüftung am Generator wurde geöffnet, die Absperrklappe am Motor geschlossen und das Kondenswasser abgelassen. Nach dem Erkalten wurde die Asche entfernt, das Holzkohlebett durchgeschüttelt und der Gaskühler mit Wasser durchgespült. – Uff!

Quelle: www.technik-museum.de (Technik-Museum Sinsheim) K.H. Böckle/O.F.

Puppenküche und Pudelmütze

Weihnachtsgeschenke nach dem Krieg waren praktisch

Nicht überall war in den Jahren nach dem Krieg der Gabentisch an **Weihnachten** reichlich gedeckt. Aber die liebevolle Fantasie und das Improvisationstalent der Eltern machten Kindern auch in dieser Zeit jedes Weihnachten zu einem besonderen Fest.

Lichterglanz & volle Schaufenster

Wer damals Kind war erinnert sich an den festlichen Glanz der **Lichterketten in den Geschäftsstraßen** nach der **Währungsreform**, als die Augen mit den Lichtern um die Wette strahlten. Die weihnachtlich dekorierten Schaufenster zogen Kinder wie Magneten an. Vor allem natürlich die **Spielzeugläden** mit **Modelleisenbahnen**, **Puppen**, **Spielzeugautos**, **Kaufmannsläden** und **Puppenküchen**. Und beim Bäcker gab's Weihnachtsmänner aus Schokolade, aus Lebkuchen mit Oblatenbild, essbaren Christbaumschmuck, Schokoschweinchen und Marzipan in den verschiedensten Figuren und Formen zu bestaunen.

Der Tageszeitung lag oft eine Weihnachtsbeilage mit einem **Preisausschreiben** in Form eines **Silbenrätsels** bei. Die Aufgabe bestand darin, in den Schaufenstern der einzelnen Geschäfte nach versteckten Silben zu suchen, diese zum Lösungssatz zusammenzufügen und bei der Zeitung einzureichen. Dann hofften alle auf das große Glück. Doch obwohl es nicht jedem hold sein konnte, stapften viele Jahr für Jahr aufs Neue in der Vorweihnachtszeit bei Einbruch der Dämmerung durch den Schnee, suchten nach den versteckten Silben, bewunderten die Weihnachtsbeleuchtung und pressten ihre Nasen an den Schaufenstern platt.

Plätzchen backen & Schüsseln ausschlecken

Schon wochenlang vor Weihnachten waren Plätzchen gebacken worden. Und **Stollen** oder **Hutzelbrot**. Kinder durften mithelfen, die Schüsseln ausschlecken und aus den Teigresten eigene Gebilde herstellen; beliebt waren Sonne und Mond, oder auch Blumen und Häuser. Die wurden dann mit Zuckerguss glasiert und an die Fensterscheiben gehängt. Die Plätzchen aber, das war wichtig, mussten von Mutter gut versteckt werden, sonst wären an Weihnachten garantiert keine mehr da gewesen. Wie heute waren auch damals alle Kinder riesengroße **Naschkatzen**.

Apropos Essen: An Heiligabend ging es meist bescheiden zu. Da gab's Suppe mit Brot oder weiße Bratwurst mit Kartoffelsalat. Das war auch gut so: Umso mehr Plätzchen konnte man danach in sich hineinstopfen! Am ersten Feiertag aber musste es dann schon ein Braten sein, ein Hase oder ein Stück vom Schwein. Oder aber eine Gans, gefüllt mit Esskastanien. Und zum Nachtisch gab's ab Mitte der 50er Jahre – welche Sensation – schon Ananas aus der Dose oder eine Weinschaumsoße.

Hauptsache praktisch

Endlich war es so weit und feierlich wurden die Geschenke ausgepackt. Papier und Bänder wurden sorgsam zusammengelegt, damit sie im nächsten Jahr wieder zu gebrauchen waren. Zwar konnte man jetzt, nach der Währungsreform, wieder vieles kaufen, aber da es an allen Ecken und Enden fehlte, musste das Geld dennoch gut eingeteilt werden. So wurde überwiegend Praktisches geschenkt: **warme Kleidung**, von Johanna, Paula oder Oma Minchen selbst gestrickt, **Norwegerpullover** und **-fäustlinge**, Pudelmützen, Hausschuhe, Kniestrümpfe oder die gefürchteten langen Strümpfe. Daneben gab es aber auch Spielzeug, von Opa Gottlieb oder Onkel Friedrich, der inzwischen aus der Gefangenschaft heimgekehrt war, selbst aus Holz oder Blech gefertigt. Die Puppen wurden neu eingekleidet, und für Lilli stand auch schon die **Puppenküche mit dem Esbitkocher** auf dem Gabentisch. Doch Geld als Geschenk gab es damals nicht.

Basteln mit Laubsäge und Peddigrohr

Die Kinder revanchierten sich mit selbst Gebasteltem: Die Kleineren wie Lilli malten ein Bild, pressten Blumen oder fertigten eine Kette aus getrockneten Kernen für die Mama, Max und Hermann wagten sich an **Laubsägearbeiten** und stellten Schlüsselbretter und Wandborde her, Wolfgang sägte lustige

Kindliche Laubsägearbeit

Figuren aus, die er bunt bemalte und Gustchen und Klara flochten **Untersetzer** und **Körbchen** aus **Peddigrohr**. Und Mama und die Großeltern freuten sich, waren es doch mit viel Liebe hergestellte Kleinode.

Und ein Übriges machte diese Weihnachten der Nachkriegsjahre besonders schön: Meist lag Schnee, und die weiße Pracht verdeckte all die hässlichen Kriegsschäden um sie herum und ließ alle wieder auf eine bessere Zukunft hoffen.

EXTRA THE STARS AND STRIPES EXTRA

HITLER DEAD

Fuehrer Fell at CP, German Radio Says; Doenitz at Helm, Vows War Will Continue

Aus Angst, in russische Gefangenschaft zu geraten, **schießt sich Adolf Hitler** am Nachmittag des 30. April 1945 im „Führerbunker" **in den Kopf**. Seine Leiche wird mit der seiner Frau Eva Braun, die er noch am Vortag geheiratet hatte, im Garten der Reichskanzlei mit Benzin übergossen und verbrannt. – Am 1. Mai beauftragt **Joseph Goebbels** gemeinsam mit seiner Frau einen Arzt mit der Ermordung ihrer sechs Kinder. Danach begehen er und seine Frau Magda **Selbstmord**. – Am 2. Mai erklärt General Weidling die **Kapitulation von Berlin**. Sowjetische Truppen besetzen die Reichskanzlei, darunter etwa zehn Sanitäterinnen, die im Bunker den Kleiderschrank Eva Brauns plündern und Unterwäsche und BHs schwenkend wieder abziehen. – Zu seinem Nachfolger als Reichspräsident hatte Hitler in seinem Testament **Großadmiral Karl Dönitz** bestimmt. Dieser beabsichtigt eine Teilkapitulation gegenüber den Westalliierten, um möglichst viele Deutsche vor der „Vernichtung durch den vordringenden bolschewistischen Feind zu retten" und nach Westen flüchten zu lassen. In der Hoffnung, die Westmächte würden sich mit Deutschland gegen die Sowjetunion verbünden, beauftragte er Generaloberst Alfred Jodl, bei den Verhandlungen entweder eine Teilkapitulation zu vereinbaren oder eine Frist von vier Tagen zwischen Unterzeichnung der Gesamtkapitulation und dem Ende aller Truppenbewegungen. **General Dwight D. Eisenhower** sieht darin den Versuch, das Bündnis der Alliierten zu sprengen und besteht auf einer sofortigen und **bedingungslosen Gesamtkapitulation**. Am 7. Mai 1945 unterzeichnet Jodl im Namen des deutschen Oberkommandos die Gesamtkapitulation aller Streitkräfte im Alliierten Hauptquartier in Reims. In der Nacht zum 9. Mai unterzeichnen Wilhelm Keitel, Hans-Georg von Friedeburg und Hans-Jürgen Stumpff in Anwesenheit von Marschall Georgi K. Schukow die Kapitulationsurkunde erneut, um auf Stalins Forderung den Beitrag der Roten Armee an der Befreiung Europas von den Nazis zu würdigen. – In der „Potsdamer Konferenz" teilen die Alliierten als Siegermächte Deutschland in vier Besatzungszonen und Berlin in vier Sektoren auf; das Saarland wird an Frankreich abgetreten und die östlich der Oder-Neiße-Linie liegenden Teile des Deutschen Reiches unter sowjetische bzw. polnische Verwaltung gestellt. **Damit ist der Zweite Weltkrieg** – zumindest in Europa – **beendet**.

Zu allen Zeiten: Der Puppenwagen ist der ganze Stolz eines Mädchens

Neue Spiele und alte Streiche

Zigarettenpackungen als Kartenspiel

Gustchens Puppe und der Tretroller von Max haben den Krieg überlebt, doch viel an Spielzeug war nach Kriegsende nicht mehr vorhanden. Mit Fantasie und Kreativität und Dingen, die zur Hand waren, überbrückten die Kinder diesen Mangel und erfanden sogar neue Spiele. Dazu gehörte unter anderem eine Art **Kartenspiel**, das man aus den Vorderseiten weggeworfener Zigarettenschachteln gewann. „Zuban“, „Juno“, „Gold-Dollar“ und „Overstolz“ waren Massenware, also nicht viel wert. Aber „Astor“ oder „Chesterfield“ z.B., die seltener vorkamen, wurden vor dem Spiel zum Trumpf erklärt. Zu zweit oder dritt hockten sie zusammen, und das Spiel konnte beginnen. Abwechselnd legten sie Karten auf einen Stapel. Legte nun einer die gleiche Karte wie sein Vorgänger auf, gehörten ihm diese beiden. Brachte er aber einen Trumpf, gewann er den ganzen Stapel.

Verbotene Spiele

Sehr beliebt und für die Trümmer wie geschaffen waren das **Verstecken** und **Fangen**. Das spielten Mädchen und Buben gleichermaßen gern und auch zusammen. Wer kennt nicht noch den Vers, den der zum Suchen bestimmte Mitspieler aufsagen musste, bevor er die anderen suchen durfte:

„Eins, zwei, drei vier Eckstein,
alles muss versteckt sein,
hinter mir und vor mir gilt es nicht –
ich komme!“

Dass diese Spiele oft sehr oder gar lebensgefährlich waren, das kam den Kindern nicht in den Sinn. Zwar verboten die Eltern immer wieder, Trümmergrundstücke zu betreten; aber warum, verstanden die wenigsten. Und da nun einmal alles Verbotene besonders lockt, kam das Verbot fast einer Aufforderung gleich, diese herrlich abenteuerliche Welt zu erkunden. Ruinen, die fast nur noch aus Außenmauern bestanden und aus denen metallene Anker oder Gesteinsbrocken herausragten, waren für die Mutigen unter ihnen ein besonderer Anreiz, ihre Kletterkünste zu zeigen und sich von den weniger Mutigen bewundern zu lassen.

„Klingelputzen“ als Mutprobe

Diese „Mutigen“ waren es auch, die immer wieder irgendwelche **Streiche** ausheckten. Allen voran das **„Klingelputzen“**: Mit der Clique unterwegs, suchte man sich ein Mehrfamilienhaus, bei dem man an der Anordnung der Klingeln erkennen konnte, wer oben wohnte. Von den anderen gegen neugierige Passanten abgeschirmt drückte nun einer die oberen Klingelknöpfe und klemmte sie mit zusammengefalteten Stückchen Papier oder dünnen Hölzchen fest. Was folgte, waren ein ununterbrochenes Klingeln, baldig aufgerissene Fenster, wütendes Gebrüll und drohend geschüttelte Fäuste von oben herab. Die unten kugelten sich vor Lachen und stoben davon.

Als der kleine Eduard, Paulas Zweitjüngster und ihr siebtes Kind als neues Mitglied in die Clique aufgenommen werden wollte, gab es für ihn als **„Mutprobe“** noch eine andere Variante des „Klingelputzens“: In einem Mehrfamilienhaus musste er die Türklinken von zwei gegenüberliegenden Wohnungen mit einem Seil zusammenbinden. Dann, wieder unter Festklemmen der Klingelknöpfe, bei beiden klingeln. Als die Wohnungsinhaber öffnen wollten und nicht konnten, da jede ihrer Türen ja nach innen aufging, musste er ihren Beschimpfungen und Drohungen so lange standhalten, bis es einem von beiden gelang, das Seil von der Klinke abzustreifen und er aus der Wohnung herauskam; erst dann durfte er Fersengeld geben. Das wurde von einem einen Stock höher versteckten „Beobachtungsposten“ genau kontrolliert.

Spielen mit amerikanischen Kindern. Hier beim Horse-shoe-Throwing

„Spielend" die ersten Worte Englisch lernen

Manche, in deren Nachbarschaft Amerikaner, Briten, Franzosen oder Russen wohnten, hatten auch Kontakt zu deren Kindern. Mit denen spielten sie dann ihnen bis dato unbekannte Spiele wie **„Baseball"** oder **„Horse-shoe Throwing"** und lernten ganz nebenbei die ersten Worte einer Fremdsprache.

Das wichtigste Band untereinander aber war nicht die Zugehörigkeit zu einem bestimmten Geschlecht, sondern, dass die Kinder aus derselben Straße kamen. Alle Kinder einer Straße hielten zusammen **wie Pech und Schwefel**, bildeten eine verschworene Gemeinschaft, und drang eine andere Straßenclique in das eigene Revier ein, dann konnte es auch schon mal „die Hucke voll" geben.

Mit der **„Luftbrücke Berlin"** wurden zwischen dem 23. Juni 1948 und dem 12. Mai 1949 mit fast 280 000 Flügen mehr als 2,3 Millionen Tonnen Versorgungsgüter nach Berlin geflogen, vor allem Lebensmittel und Heizmaterial. Ein gigantisches Unternehmen der Solidarität! Im Streit um die Bildung der Trizone („Trizonesien"), der Währungsreform (20. Juni 1948) sowie der Vorbereitung einer deutschen Regierung sperrten die Sowjets den drei Westsektoren Berlins alle Land- und Wasserwege durch das von ihnen besetzte Gebiet; auch zwischen dem sowjetisch besetzten Sektor und den drei Westsektoren verboten sie jeglichen Güteraustausch. Um die Berliner Bevölkerung nicht dem Hunger- und Kältetod auszusetzen, errichteten die Westmächte eine Luftbrücke, mit der neben Lebensmitteln und Kohlen auch Geräte, Maschinen und sogar ein ganzes Kraftwerk in die Stadt geflogen wurden. Als der Pilot Gail Halverson und später auch viele andere beim Landeanflug Süßigkeiten abwarfen, erhielten die Flugzeuge den liebevollen Beinamen „Rosinenbomber".

Und dann ging's furchtbar in die Hose

Die erste Zigarette und ihre Folgen

Not macht bekanntlich erfinderisch. Und was tut ein starker Raucher, wenn er nicht genügend Tabak bekommen kann oder er ihm zu teuer ist? Er baut ihn selbst an. Erntet die Blätter, hängt sie zum Trocknen auf und zerkleinert sie. Andere wiederum rauchten, was ihnen in die Finger kam. Da soll es nach dem Krieg Zeitgenossen gegeben haben, die aus Lindenblüten nicht nur Tee gekocht, sondern diese sogar getrocknet und in der Pfeife geraucht haben. Auch Kirsch-, Apfel- und Birnen- sowie Kastanienblätter wurden hierzu verwandt ...

Zeitungsstumpen stanken und qualmten ...

Dadurch angestachelt „bastelte" sich der fünfzehnjährige Max seine **erste Zigarette**. Nahm eine Hand voll trockenes Laub und zerbröselte es so fein wie möglich. Woher aber das Papier nehmen? Halt! Im Keller lag ja ein Stapel alter Zeitungen. Schnell war ein entsprechend großes Stück Papier zurechtgeschnitten und gefaltet. Dann kam der „Tabak" hinein und er rollte das Ganze zu einem Ding, das eher einer dicken Zigarre ähnelte als einer feinen Zigarette. Egal: Max steckte den Stumpen in den Mund und **fühlte sich wie ein Mann**. Dann zündete er ihn an. Wenn er geahnt hätte, was jetzt kam, ich glaube, er hätt's gelassen. Erst brannte die Spitze lichterloh und versengte eine vorwitzige Strähne seines Kopfhaars, und auch danach brannte das Ding mehr als es glimmte. Jetzt sog er wie wild, um die Glut zu entfachen, und mit jedem Zug inhalierte er den brennenden, stinkenden, ätzenden Qualm und erstickte fast an einem **Hustenanfall**. Aber man war ja ein ganzer Kerl, und da musste man durch, koste es, was es wolle. Also zog er weiter daran, bis es unter seiner Lederhose zu rumoren begann. Zum Glück schaffte er es gerade noch zur Toilette. Aschfahl kam er von dort nach einer halben Stunde wieder raus. Und schwor sich, nie wieder zu rauchen. Zumindest – bis zum nächsten Versuch!

... Lianen dagegen glimmten nur

Sein gleichaltriger Vetter Hermann rauchte die getrockneten **Stängel der Lianen**, die glimmten nur und stanken furchtbar. Und Karl, ein Jahr jünger und besonders pfiffig, suchte die Straßen nach Kippen ab. Das lohnte sich, denn es gab noch keine Filterzigaretten, und so waren die Kippen voll Tabak bis zum Ende. Er brauchte sie nur zu sammeln, aufzubröseln, und schon hatte er wieder etwas zum Tauschen oder selber Rauchen. Allerdings hatten sich darin eine ganze Menge Nikotin und Teer gesammelt, und entsprechend stark und ekelhaft schmeckten dann diese Selbstgedrehten.

Man konnte **Zigaretten** aber auch **einzeln kaufen**. Später in Dreier-, Fünfer- und schließlich in Zehnerpackungen. Die seinerzeit bekannten Zigarettenmarken waren Gold-Dollar, Overstolz, Eckstein, Juno, Zuban; und glücklich schätzte sich, wer eine Lucky Strike oder Pall Mall ergattern konnte. Auch damals schon zog die Zigarettenwerbung alle Register der Verführung und kam entweder humorvoll daher (HB: „Wer wird denn gleich in die Luft gehen?“) oder gaukelte seinen Konsumenten den „Duft der großen weiten Welt“ vor (Peter Styvesant).

Zigarettenversteck – vom Eichhörnchen entdeckt

Mit dem ersten Taschengeld oder dem neben der Schule selbst verdienten Geld kauften sich Max, Hermann und Karl dann „richtige Zigaretten“. Aber das musste **heimlich** geschehen, denn Eltern und Lehrer waren natürlich strikt gegen das Rauchen bei Jugendlichen. Und sie mussten immer Wolfgang, der inzwischen 21 und erwachsen war, zum Kaufen vorschicken, denn als Minderjährige bekamen sie selbstverständlich keine Tabakwaren verkauft. Und wo sollte man sie aufbewahren? Nach Hause konnte man sie ja schwerlich mitnehmen. Also mussten sie irgendwo versteckt werden. So fand manch Eichhörnchen in einem leeren Astloch oder eine Eidechse unter einem Stein ein Zigarettenversteck und wunderte sich über die komischen weißen Dinger, die so ganz anders schmeckten als Nüsse und Fliegen.

50 Schüler und mehr: keine Seltenheit nach dem Krieg

„Keuschheitsmauer“ und Quäkerspeise

Die Situation an den Schulen nach dem Krieg war katastrophal

Nach den Bombardements von Anfang 1943 bis Mai 1945 hatte Unterricht in manchen städtischen Schulen nur noch vereinzelt stattgefunden und bisweilen ganz eingestellt werden müssen. Was folgte, war eine zunehmende **Verwilderung der Jugend**; **Vandalismus** und **Jugendkriminalität** hatten bedenkliche Ausmaße angenommen und es war höchste Zeit, dass wieder Ordnung einkehrte. Daher wurde die Wiederaufnahme des Unterrichts Ende 1945 seitens der Behörden und Eltern mit großer Erleichterung begrüßt. Auf dem Land war die Situation nicht ganz so dramatisch.

Erst Schutt beseitigen – dann Unterricht

Doch bevor überhaupt wieder unterrichtet werden konnte galt es, viel Schutt zu beseitigen, es mussten Decken, Wände und Treppen gesichert und abgestützt, Fenster mit Glas oder Pappe verkleidet und die **Räume notdürftig möbliert** werden. Hier haben viele Lehrer und Schüler selbst mit Hand angelegt. Viele Schulen waren total zerstört, die übrigen fast alle beschädigt. Einige davon waren von der Militärregierung beschlagnahmt, andere von der Stadtverwaltung belegt oder wurden als Lazarette genutzt.

Unterricht in Schichten

„Sie konnten zusammen nicht kommen ...“ Nein, nicht das Wasser war viel zu tief, sondern die Mauer viel zu hoch. Und es waren auch keine Königskinder, es waren Max, Hermann und Karl als Schüler eines Jungengymnasiums, das in dem einen Gebäude, und Lilli und Klara als Schülerinnen eines Lyzeums, das im Bau daneben untergebracht war. Dazwischen eine Mauer, die **„Keuschheitsmauer“**, die beide voneinander trennen sollte. Ein Loch, das anfangs noch eine gewisse Kommunikation zwischen den Geschlechtern zugelassen hatte, wurde eiligst geschlossen, um Sitte und Moral nicht zu gefährden.

Oft mussten die Schüler mehrerer Schulen in einem Gebäude umschichtig unterrichtet werden; zum **Schichtwechsel** drängten sich dann bisweilen 2000 Schüler hinaus oder hinein. Andernorts standen für 1000 Schüler anfangs nur fünf Lehrkräfte zur Verfügung; und noch 1949 wurden z.B. in Darmstadt 3000 Mädchen und Jungen in 19 Räumen und in vier Schichten unterrichtet bei mehr als 50 Schülern pro Klasse. 1945 waren es im ersten Schuljahr vorübergehend sogar 70. Die **Raumnot** betraf auch den Sanitärbereich: Trotz intensiver Anstrengungen ließen sich die Toiletten nicht ausreichend rein halten und bargen somit eine ständige Seuchengefahr. Daneben nutzten umliegende Anwohner mangels eigener Toiletten diese häufig mit.

Es fehlte an allen Ecken

Und es fehlte an allen Ecken und Enden: An **Lehrkräften**: Viele Lehrer waren gefallen, in Gefangenschaft oder mussten erst noch **„entnazifiziert“** werden. Es fehlte an **Schulbüchern** und **Lernmaterial**: Vieles, was noch vorhanden war, strotzte von braunem Gedankengut, Bibliotheken und naturwissenschaftliche Sammlungen waren größtenteils zerstört. **Papier** war Mangelware: In Heften, falls vorhanden, wurden sogar die Ränder genutzt oder man beschrieb sie zweimal: zuerst mit Bleistift, dann noch einmal mit Tinte, man schrieb auf Ettiketten, Zeitungsrändern und allem, wo noch eine Ecke frei war. Oft fehlte es an ausreichender **Beleuchtung**: „Für den kommenden Winter melden wir einen dringenden Bedarf von 20 Glühbirnen an“, schrieb die Rektorin von Klaras Lyzeum an das Schulamt. „Wir weisen darauf hin, daß alle von uns benutzten Schulsäle ohne Glühbirnen sind und eine Durchführung des Unterrichts, vor allem an Nachmittagen im Winter ohne wenigstens eine Glühbirne je Saal nicht möglich ist.“ Und es fehlte an **Brennstoff**: Im Winter 1945/1946 musste der Unterricht aufgrund fehlenden Heizmaterials wieder eingestellt oder stark eingeschränkt werden; die Schüler wurden aufgefordert, **Holz oder Kohle von zu Hause** zum Unterricht mitzubringen. Trotzdem mussten sie noch Mäntel und dicke Wollschals tragen.

„Quäkerspeise“

Auch an ausreichender Ernährung fehlte es. Die Schulspeisung – die **„Quäkerspeise“** – wurde für viele die einzige warme Mahlzeit des Tages und der **Quäkertopf** im Ranzen war das wichtigste Utensil der Schüler jener Zeit. In der großen Pause gab's die aus Spenden amerikanischer Hilfsorganisationen zubereiteten Portionen, meist nahrhafte Suppen oder Milch mit Brötchen, 300 Kalorien pro Tag. Und manchmal gab's auch Pudding. Vanillepudding mit Rosinen drin oder Schokoladenpudding. Das war immer ein besonderes Fest für Lilli & Co! Auch für Johanna war die Schulspeisung eine Entlastung, denn obwohl Wolfgang inzwischen eine Banklehre angetreten hatte und zum Haushalt beitrug, hatte sie es nicht leicht, Gustchen, Max und Lilli durchzubringen.

Der **Volksaufstand** vom **17. Juni 1953** in der DDR geht zurück auf die II. Parteikonferenz der SED im Juli 1952. Dort hatte **SED-Generalsekretär Walter Ulbricht** den Aufbau des Sozialismus nach sowjetischem Muster verkündet. Was folgt sind schwere Ernährungsengpässe, ein Rückgang der Industrieproduktion und der Sturz in eine tiefe wirtschaftliche, politische und gesellschaftliche Krise. Viele DDR-Bewohner reagieren mit Protest oder „Republikflucht“. Daraufhin setzt die SED-Führung im Mai 1953 die Arbeitsnormen um 10,3 Prozent herauf. Dagegen protestieren am 15. und 16. Juni 1953 Bauarbeiter auf Ost-Berliner Großbaustellen, denen es bald nicht mehr nur um die Rücknahme der Normenerhöhung geht, sondern auch um freie Wahlen, die Wiedervereinigung und die Ablösung Ulbrichts. Am nächsten Tag greifen die Proteste auf die gesamte DDR über und dehnen sich über 400 Orte und rund 600 Betriebe aus. Landesweit beteiligen sich mehr als eine halbe Million Menschen. Sowjetische Stadtkommandanten verhängen den Ausnahmezustand in 167 von 217 Städten und Landkreisen. Unter Mithilfe der Volkspolizei schlägt sowjetisches Militär den Volksaufstand blutig nieder, wobei exakte Zahlen über die Opfer nicht bekannt sind. Die SED-Führung bezeichnet den Aufstand als vom Westen gesteuerten „faschistischen Putschversuch“ und verhaftet tausende „Rädelsführer“ und „Provokateure“. Weil sie sich weigerten, auf die Demonstranten zu schießen, werden sogar 20 Volkspolizisten und 40 Soldaten der Roten Armee standrechtlich erschossen. Als Anerkennung für den Freiheitswillen der DDR-Bevölkerung wird der 17. Juni in der Bundesrepublik Deutschland als nationaler Gedenktag zum **„Tag der deutschen Einheit“** erhoben.

„Die Mörder sind unter uns"

Polizeiliche Alters-Kontrolle und Knutschen im Kino

Knapp einundzwanzigjährig spielte die gebürtige Ulmerin **Hildegard Knef** 1946 die Hauptrolle im ersten deutschen Nachkriegsfilm „Die Mörder sind unter uns" von Wolfgang Staudte. Der Film war der Auftakt zu einer Reihe von so genannten **„Trümmerfilmen"**, die sich kritisch mit dem Krieg und der NS-Vergangenheit auseinanderzusetzen versuchten. Weitere Titel waren „In jenen Tagen" (1946) und „Zwischen Gestern und Morgen" (1947).

„Heidi, Heidi, deine Welt sind die Bä-här-ge"

Johanna, Paula und Friedrich allerdings stand der Sinn nicht unbedingt nach Problem- und Kriegsheimkehrerfilmen. Probleme hatten sie im Alltag selbst mehr als genügend, und nach all dem Elend des Zweiten Weltkrieges suchten sie verständlicherweise eher nach Ablenkung in Form von leichter

Marina ist schön und verführerisch. Mit 14 Jahren von den Eltern verlassen, nimmt ihr Halbbruder sie zur Geliebten – bis sie den Maler Alexander und die wahre Liebe kennen lernt. Doch Alexander droht zu erblinden. Nur eine teure Operation kann ihn retten. Marina steht vor einer schweren Entscheidung ...
Deutschland ist geschockt, als 1951 der Film **„Die Sünderin“** mit Hildegard Knef in der Hauptrolle in die Kinos kommt: Eine Frau liegt nackt auf einer Liege und lässt sich von ihrem Geliebten malen. Eine Szene, die in der heutigen Zeit kaum jemanden die Schamesröte ins Gesicht triebe. Vor 50 Jahren sah die Situation in Deutschland noch anders aus. Das überwiegend prüde Publikum hatte seinen ersten Filmskandal. Dass der Film heute ab 12 Jahren freigegeben ist, zeigt den Wandel des Zeitgeistes.

Unterhaltung. Da kamen Filme, die die heile Welt zum Inhalt hatten, gerade recht. Allen voran die 1952 von Luigi Comencini in einer Schweizer Produktion neu verfilmte Geschichte von **„Heidi“**, „Geißenpeter“ und „Alpöhi“, eine der erfolgreichsten „Heidi“-Verfilmungen überhaupt. Lilli war 16, als sie 1955 mit ihrer zwei Jahre jüngeren Cousine Grete, Tante Paulas Jüngster, die Puszta-Liebesschnulze **„Ich denke oft an Piroschka“** von Kurt Hoffmann mit Lilo Pulver, Gunnar Möller und Gustav Knuth sah. Von da an waren beide unsterblich in Gunnar Möller verliebt.

Knutschen in der letzten Reihe

Überhaupt waren die 50er Jahre das Jahrzehnt des Kinobesuchs; das Kino wurde zum beliebten Treffpunkt Jugendlicher, und oft wichtiger als der Film selbst war das soziale Ereignis. **Man traf sich**, knüpfte Kontakte, die ersten Liebesbande entstanden ... Die Kinder- und Jugendvorstellungen am Sonntagnachmittag kosteten 50 Pfennig Eintritt und waren stets ausgebucht. Manch einen faszinierte die im Vorspann gezeigte Wochenschau (z.B. **„Fox Tönende Wochenschau“**), in der die Reporter mit schneidiger Stimme von Ereignissen aus aller Welt berichteten, bisweilen mehr als der folgende Film, war sie doch der einzige Blick nach dem, was draußen „in der großen weiten Welt" geschah; Max, Hermann und Karl, die sich meist in der letzten Reihe rumdrückten, bekamen vom Geschehen um sie herum kaum etwas mit, weil sie sich mehr in ihren jeweiligen neuesten „Schatz" vertieft hatten als in das, was auf der Leinwand geboten wurde. Auch die Preise für die Abendvorstellungen waren noch sehr moderat: Je nach Sitz (Balkon, Sperrsitz, Parkett) zahlte man zwischen einer und zwei Mark.

Streng wurde damals noch der **Jugendschutz** beachtet: Am Eingang zu den Kinos stand nicht selten ein **Polizist** und kontrollierte, ob die jeweiligen Altersbegrenzungen auch wirklich eingehalten wurden. War er im Zweifel, ließ er sich den Ausweis zeigen.

Eine Auswahl an Filmen der fünfziger Jahre:

Neben großen Schicksalsfilmen wie der um die österreichische Kaiserin **„Sissi"** mit Romy Schneider und Karl-Heinz Böhm, rührende Geschichten wie die der **„Trapp-Familie"** mit Ruth Leuwerik und Josef Meinrad oder Komödien wie z.B. **„Die Feuerzangenbowle"** und **„Der Hauptmann von Köpenick"** mit Heinz Rühmann waren besonders Schlagerfilme beliebt: **„Laß' die Sonne wieder scheinen"**, 1955 (Conny Froboess); **„Bonjour Kathrin"**, 1955 (Caterina Valente, Peter Alexander und Silvio Francesco); **„Musikparade"**, 1956 (Alexander, Bibi Johns und Georg Thomalla); **„So ein Millionär hat's schwer"**, 1958 (Alexander und Germaine Damar); **„Wenn die Conny mit dem Peter"**, 1958 (Peter Kraus, Froboess und Rex Gildo); **„Wenn das mein großer Bruder wüsste"**, 1959 (Froboess und Fred Bertelmann); **„Ich zähle täglich meine Sorgen"**, 1960 (Alexander); **„Kriminaltango"**, 1960 (Alexander und Vivi Bach) oder **„Im Weißen Rößl"**, 1960 (Alexander und Waltraud Haas).

Weitere unvergessene Schauspieler:

Hans Albers, Willy Fritsch, Gunther Philipp, Rudolf Prack, Luise Ullrich, Paula Wessely, Dieter Borsche, Paul Dahlke, Maria Schell, die Brüder Attila und Paul Hörbiger, Bernd Wicki ... Wer könnte sie alle aufzählen?

Schöne Beine und ein Petticoat: Mann, was willst du mehr?

Wilde Jahre

Eltern mussten „die Kultur verteidigen"

Auch für die von den Franzosen oder Briten verwalteten Zonen zeichnete sich sehr schnell ab, dass die Amerikaner eine führende Rolle beim Wiederaufbau Deutschlands spielen würden. Und mit ihnen kamen auch ihre Umgangsformen, ihre Mode und vor allem ihre Musik nach Deutschland und fanden ab Mitte der 50er Jahre besonders bei der Jugend großen Anklang. Noch aber traute die sich nicht offen gegen ihre Eltern aufzubegehren wie in den späten Sechzigern; doch die Adaption amerikanischer Sitten und Gebräuche war ein erster Schritt in diese Richtung.

Weg vom Nazimief

Die Jugend wollte weg vom Nazimief und in eine neue, bessere Welt aufbrechen, und die sah sie im **„American Way of Life"**. „Echte" Jeans („Levi Strauss") waren rar und bei den Jungs ebenso begehrt als sichtbarer Ausdruck dieses Lebensstils wie Chewinggum, sie trugen das Unterhemd mit dem Rückenteil nach vorn, damit es hoch am Hals abschloss, darüber den **James-Dean-Blouson** mit hochgestelltem Kragen und Turnschuhe. Die Zigarette hing schräg im Mundwinkel und der Blick unter halb geschlossenen Lidern verkündete: „Schaut her, Girls, ich bin genau so'n lässiger Typ wie James Dean." Überhaupt **„lässig"**: Es war *das* Modewort, vergleichbar dem heutigen „cool".

Oh, wie wippten die Petticoats!

Für die Mädchen waren die 50er Jahre die **Petticoat-Zeit**, von der noch heute viele schwärmen, die sie miterlebt haben: die schwingenden Kleider und Röcke, die anfangs noch über die Knie reichten, die verspielten Blusen, breiten Metallgürtel für die Wespentaille, flotten Schuhe und wippenden Pferdeschwänze. Damals konnte sich ein Mädchen noch richtig chic und vor allem weiblich anziehen. Als dann Hosen für Mädchen und Frauen in Mode kamen, waren viele von ihnen nicht gerade begeistert davon.

Sehr beliebt waren auch die selbst gestrickten **Pullis in Übergröße**, die bisweilen Missverständnisse auslösen konnten. So kam es einmal vor, dass eine ältere Dame Gustchen, die solch einen Pulli trug, im Bus ihren Platz anbot. Dachte sie, sie sei schwanger?

Schöne Aussichten: auf der Schaukel

So wie es heute bei den „Kids" „in" ist, bestimmte Markenartikel zu tragen, so gab es auch damals schon, wenn auch in bescheideneren Maße, **„Modediktate"**. Neue Jeans zum Beispiel, die nun zunehmend auch Mädchen trugen, bearbeitete man so lange mit der Bürste, bis die blaue Farbe verblasst war. Eine **Jeans** hatte **„verwaschen"** auszusehen. Und die der Mädchen mussten **eng anliegen**. Dazu stiegen Gustchen und Klara mit ihnen in die Badewanne und ließen sie am Körper trocknen. Dann saßen sie wie angegossen.

Gesellschaftstanz als Schulfach?

Diesem „neumodischen", „unflätigen" und **„halbstarken"** Benehmen galt es von Seiten der Eltern etwas entgegenzusetzen. Wer es im Leben zu etwas bringen wolle, so das Argument von Johanna, Paula und Friedrich, müsse sich auch anständig benehmen und kleiden und auf dem gesellschaftlichen Parkett korrekt bewegen können. Es soll ernsthaft Bestrebungen gegeben haben, den Gesellschaftstanz in den Turnunterricht an Schulen aufzunehmen! Schließlich galt es ja immerhin, eine Kultur zu verteidigen! Was also lag näher, als den Sprössling in eine **Tanzschule** zu schicken, die seit jeher als Beschützer und Förderer gesellschaftlicher Tugenden angesehen wurden. Dort lernte man nicht nur tanzen, sondern erhielt auch den nötigen Schliff im Umgang miteinander.

Von den Eltern mit Argusaugen beobachtet: Polonaise beim Abschlussball

„Darf ich bitten?"

Anzug, weißes Hemd und Krawatte für Max, Hermann und Karl, Kostüm oder Kleid für Lilli und Klara waren obligatorisch und das Verhalten der Sechzehn- bis Zwanzigjährigen entsprechend steif. Nachdem sich jeder nach ein paar einleitenden Worten des Tanzlehrers mehr oder weniger **stotternd vorgestellt** hatte – für Hermann war es die erste öffentliche Rede überhaupt – mussten die Tanzschüler, nach Geschlechtern getrennt, auf zwei an gegenüberliegenden Wänden aufgestellten Stuhlreihen Platz nehmen. Der Tanzlehrer winkte seine Partnerin herbei, und unter seinen Erklärungen begannen die beiden **Walzer** zu tanzen. Als er glaubte, nun wüssten alle, wie's geht, hielt er inne, forderte die Herren auf, die Damen mit einer Verbeugung und der Frage: „Darf ich bitten?" zum Tanzen zu holen und mühte sich redlich ab, seinen Schülern den Walzer beizubringen.

Benimmregeln

Zum Ende jedes Tanzstundenabends gab's ein paar **Benimmregeln** mit auf den Weg, z.B., dass der Herr immer auf der Straßenseite geht, um die Dame vor unachtsam durch Pfützen fahrenden Autofahrern zu schützen. Oder, dass er eine Treppe immer vor der Dame hinuntergeht, damit er sie gegebenenfalls auffangen kann; umgekehrt aber hinter der Dame die Treppe hinauf, damit ihr kein Anderer unter den Rock schauen kann. In den Pausen übte man sich in gepflegter **Konversation**, und wer es sich leisten konnte, lud die Dame seiner Wahl zu einer Cola oder Sinalco ein.

Je nachdem, welche Absichten man hatte, war es eine angenehme Pflicht oder nicht, die letzte Tanzpartnerin des Abends nach Hause oder an die nächste Straßenbahn- oder Bushaltestelle zu bringen. Wohnte die Dame weit entfernt und wollte sich den Fahrschein sparen, konnte dies mitunter einen längeren Fußmarsch und nicht selten einen zweiten in entgegengesetzter Richtung zum eigenen Heim bedeuten.

Die schwerste Prüfung jedoch stand Max, Hermann und Karl noch bevor: Die Erlaubnis, seine **Tanzpartnerin** zum **Abschlussball** führen zu dürfen, mussten die Herren **persönlich bei den Eltern** der Damen **einholen**. So fanden sie sich plötzlich eines schönen Sonntagnachmittags bei ihnen bislang wildfremden Familien zum Kaffee eingeladen, wo sie von der ganzen Sippschaft, die eigens zu diesem Anlass angereist war, begutachtet wurden, ob sie gegebenenfalls einen guten Schwiegersohn abgäben.

Heiße Herzen – kaltes Eis

Die Frau fürs Leben hatte Hermann mit seiner Tanzstundendame noch nicht gefunden. Also galt es weiterzusuchen. Doch wo? Discos und Kneipen, in denen sich vorwiegend Jugendliche trafen, gab es noch nicht und Bars waren etwas für ältere Herren mit entsprechendem Kleingeld. Mit Karl, der ebenfalls noch solo war, klapperte er am Wochenende die verschiedenen **Tanzcafés** ab, in denen **Combos** vor von **unten beleuchteten Glastanzflächen** vom **Walzer** über **Foxtrott** und **Tango** bis hin zum **Boogie-Woogie** alles spielten. Und unter der Woche trafen sie sich nachmittags in einem **Stehcafé**, rauchten **Roth-Händle** oder **Reval** und schlürften ihren Kaffee bei tiefsinnigen Gesprächen mit Mitschülern oder Kollegen. Schielten dabei zu den Mädchen hinüber, die vor dem Schaufenster der ersten **Boutique** standen, die vor ein paar Tagen eröffnet hatte. Und die Mädchen kommentierten kichernd und mit wippenden Pferdeschwänzen die Stielaugen und langen Hälse der pickeligen Jungen.

So kam man sich näher. Beliebte Treffpunkte waren auch die **Milchstuben** oder **Eisdielen**, die – besonders nachdem die ersten **italienischen Gastarbeiter** nach Deutschland gekommen waren – wie Pilze aus dem Boden schossen. Dort konnte man in der **Wurlitzer-Musikbox** für 10 Pfennig eine Schallplatte wählen und, je nach Gusto, sein Eis zu schmalzigen Klängen schmelzen lassen oder seinen Erdbeershake mit hartem Rock durchschütteln.

Die „Helden von Bern“

Die „Geburtsstunde der Bundesrepublik“

Aus! Aus! Aus! Das Spiel ist aus! Deutschland ist Weltmeister. Schlägt Ungarn mit drei zu zwo Toren im Finale in Bern.“ **Herbert Zimmermanns** Worte überschlugen sich. Der Radioreporter war vollkommen aus dem Häuschen, seine schrille Stimme ließ fast die Gläser zerspringen und sein Jubel die Stoffbespannungen der alten Volksempfänger vibrieren. Kaum ein Haushalt besaß ein Fernsehgerät; so hatte man das Spiel entweder durch das Radio verfolgen müssen, oder man hatte Glück und einen der begehrten Plätze in einer **Gastwirtschaft mit Fernseher** ergattert, so wie Wolfgang und Friedrich, die in der Kneipe um die Ecke die Übertragung des Spiels verfolgten; Max, Hermann und Karl standen sich bei schönstem „Fritz-Walter-Wetter“ vor dem Schaufenster eines Radio- und Fernsehgeschäftes die Beine in den Bauch und die Mädchen, falls es sie interessierte, saßen zu Hause bei Johanna oder Paula vor dem Radio.

Ottmar Walter, beim Schulausflug entdeckt

Ein **Wunder** war geschehen! Deutschland hatte Ungarn, die damals weltbeste und seit vier Jahren unbesiegte Fußballmannschaft, gegen die sie noch in der Vorrunde kläglich mit 3:8 verloren hatte, sensationell mit 3:2 geschlagen! Damit hatte eine **Wende historischen Ausmaßes** stattgefunden, und auch die späteren Weltmeisterschaften Deutschlands 1974 und 1990 erreichten nie die Dimension dieses Erfolges. Plötzlich „waren wir wieder wer“. Die bis dato pauschal geächtete und gesellschaftlich isolierte Nation hatte mit Mannschaftsgeist, Fleiß, Siegeszuversicht, Disziplin und vor allem Fairness gesiegt und wurde von der Welt wieder in die Völkergemeinschaft als Partner aufgenommen. Die „Helden von Bern“ waren geboren. **Ein neues Zeitalter des Selbstbewusstseins** in Deutschland war angebrochen und eine mentale Aufbruchstimmung machte sich breit. Später wurde der Sieg der WM 1954 von dem Politologen Arthur Heinrich als die **wahre Geburtsstunde der Bundesrepublik** bezeichnet.

„Gesundheitslenker“ & „Knutschkugel“

Mobilität, Wirtschaftswunder und Urlaub

Nicht mobil zu sein können wir uns heute, wo viele einen Zweit- oder gar Drittwagen haben, einfach nicht mehr vorstellen. Wir fahren schon die kürzesten Strecken mit dem Auto, und gehen, neudeutsch „walking“, ist zu einer Sportart geworden. Daran gemessen betrieben die in den Dreißigern Geborenen nach dem Krieg viel Sport; doch für sie war es eher lästige Notwendigkeit denn eine sportliche Betätigung.

Steif wie ein Stock

Um wenigstens ein wenig mobil zu sein und zur Arbeit oder am Sonntag mal ins Grüne fahren zu können versuchte man, irgendwo alte **Fahrräder** aufzutreiben. Bastelte aus drei oder vier schrottreifen „Hirschen“ einen neuen und malte ihn an.

Neue Fahrräder führte sinnigerweise der Nähmaschinenhändler, der auch Reparaturen durchführte. Überwiegend schwarz, hatten sie einen **„Gesundheitslenker“** und man saß so steif darauf, als habe man einen Stock verschluckt. Aber Hauptsache, man hatte einen fahrbaren Untersatz. Für Kleinkinder konnte man einen Sitz auf dem Lenker befestigen, größere fanden auf dem Gepäckträger Platz.

Brezel-Käfer & „Schneewittchensarg“

Ab etwa 1950 dann setzte eine zunehmende Motorisierung und damit Mobilität ein, zugleich Symbol für den beginnenden Aufschwung: Zur Internationalen Fahrrad- und Motorrad-Ausstellung (IFMA) 1953 wurden die ersten Fahrrad-Hilfsmotoren und **Mopeds** von **Zündapp** präsentiert. Max schwärmte für die **„Quickly“** von NSU, aber als Schüler konnte er sich diesen Luxus natürlich nicht leisten. Wolfgang dagegen, der inzwischen eine gute Stelle bei seiner Bank hatte und 560 D-Mark brutto verdiente, kaufte sich eine **„Vespa“** und wurde damit viel beneideter Mittelpunkt unter seinen Freunden. Dieser schon seit 1950 gebaute Roller wie auch die **„Lambretta“** prägten das Gesicht ihrer ganzen Generation.

Der **„Brezel-Käfer“** von Volkswagen erlangte ebenso Berühmtheit wie die **BMW-Isetta** („Knutschkugel“), der **Messerschmidt-Kabinenroller** („Schneewittchensarg“), das **Goggomobil**, der **Janus**

Rechts DER Traumwagen schlechthin: die Borgward Isabella ...

... und oben die als „Knutschkugel“ bekannte BMW-Isetta

(zwei Personen saßen in Fahrtrichtung, zwei verkehrt herum), der **Fiat 500** und der **Lloyd Alexander** („Leukoplastbomber“). Der imposanteste und eleganteste Wagen jener Zeit aber war unbestritten die 1954 erstmals vorgestellte **„Isabella“ von Borgward**, das Nachfolgemodell des seinerzeit schon als fortschrittlich geltenden **„Hansa 1500“**. Mit einem Preis von 7240 D-Mark in einer Zeit, in der ein Arbeiter 470 D-Mark brutto verdiente, war die „Isabella“ *der* Traumwagen schlechthin.

Mit der „Vespa“ nach Venedig

Diese Jahre gingen als das **„Deutsche Wirtschaftswunder“** in die Geschichte ein, dem mit steigendem Wohlstand auch der Wunsch nach noch mehr Mobilität und freier Zeit folgte. So wurde einerseits die **Arbeitszeit verkürzt** und andererseits der **Urlaubsanspruch erhöht**. Hatte man noch 1950 auch am Samstag und 48 Stunden pro Woche gearbeitet und mit **zwölf Urlaubstagen im Jahr** vorlieb nehmen müssen, rückte die **Fünftagewoche** mit 45-stündiger Wochenarbeitszeit immer näher (1956) wie auch die Verlängerung der bezahlten Urlaubszeit (1962=15, ab dem 35. Lebensjahr=18 Tage). Doch lange noch sollte es dauern bis zur **42-Stunden-Woche** (1970) und einem Urlaubsanspruch von 18 bzw. 20 Tagen.

1958 unternahm auch Wolfgang mit seiner Vespa und seiner Verlobten auf dem Sozius seine erste Reise nach Bella Italia. Auf dem Markusplatz in Venedig fütterten sie die Tauben und sahen zum ersten Mal in ihrem Leben das weite blaue Meer ...

Was sonst noch geschah ...

14.1. SA-Sturmführer Horst Wessel von Kommunisten erschossen. Nazis machen Verfasser des „Horst-Wessel-Liedes" („Die Fahne hoch") zum Märtyrer. – **12.6.** Max Schmeling gewinnt in New York als erster Europäer WM im Schwergewicht. – **14.9.** NSDAP steigert Mandate von 12 auf 107 Sitze. **1930**

5.3. Uraufführung „Der Hauptmann von Köpenick". **15.3.** Fast fünf Mio Arbeitslose und Folgen der Weltwirtschaftskrise bringen radikalen Parteien Zulauf. – **1.5.** Einweihung Empire State Building in New York, höchstes Gebäude der Welt. – **24.10.** Al Capone in Chicago wegen Steuerhinterziehung zu 11 Jahren Gefängnis und 50 000 US$ (210 000 RM) Geldstrafe verurteilt. **1931**

15.2. 6,127 Millionen Arbeitslose. Ihre katastrophale wirtschaftliche Lage führt zunehmend zu Unzufriedenheit mit Republik. – **2.3.** Baby des Atlantikfliegers Charles A. Lindbergh entführt und am 12. Mai tot aufgefunden. – **4.6.** DKW, Horch, Audi und Wanderer schließen sich zur Auto-Union GmbH (Chemnitz) zusammen. Logo werden vier ineinandergreifende Ringe. **1932**

27.2. Reichstagsgebäude brennt. Mitglieder der KPD der Brandstiftung bezichtigt. – **20./21.3.** Erste Konzentrationslager in Dachau und Sachsenhausen. – **23.3.** Reichstag billigt Ermächtigungsgesetz. – **10.5.** Bücherverbrennungen von Werken oppositioneller und jüdischer Autoren. – **22.6.** SPD wird verboten, ihr Vermögen beschlagnahmt. Berufsverbot für ihre Mitglieder. **1933**

29.3. Albert Einstein ausgebürgert. – **26.5.** „Graf Zeppelin" startet zum ersten Flug nach Rio de Janeiro. – **30.6.** Hitler lässt Ernst Röhm und andere SA-Führer verhaften und ermorden. Vorwand ist angeblich geplanter „Röhm-Putsch". – **2.8.** Hindenburg stirbt. Hitler übernimmt Amt des Reichspräsidenten. **1934**

13.1. Saar für Wiederangliederung an Deutsches Reich. – **17.3.** Über 700 Pfarrer der Bekennenden Kirche verhaftet, darunter Martin Niemöller. – **22.3.** Erstes regelmäßiges Fernsehprogramm der Welt in Berlin eröffnet. – **10.9.** Auf Reichsparteitag verkündet Hitler die „Nürnberger Gesetze". Diskriminierung von Juden wird auf rechtliche Grundlage nach biologistischen Kriterien gestellt. **1935**

17.1. Propagandaminister Joseph Goebbels erklärt Lebensmittelknappheit im Deutschen Reich für belanglos, weil „man zur Not auch einmal ohne Butter, nie aber ohne Kanonen auskommen" könne. – **13.4.** Rudolf Carraciola gewinnt auf Mercedes-Benz Großen Preis von Monte Carlo. **1936**

14.3. Enzyklika „Mit brennender Sorge" von Papst Pius XI. verurteilt scharf Nazi-Kirchen- und Rassenpolitik. – **26.4.** Deutsche Flugzeuge der „Legion Condor" zerstören Guernica. – **6.5.** Luftschiff LZ 129 „Hindenburg" explodiert kurz vor Landung in Lakehurst (USA). 36 Menschen kommen ums Leben; Ende der Zeppelinepoche. Sabotage? – **7.8.** Opel feiert 75-jähriges Bestehen. **1937**

26.5. Hitler legt Grundstein für Volkswagenwerk bei Wolfsburg. Geplant sind größtes Automobilwerk der Welt und Produktion des KdF-Wagens. – **1.8.** Sparaktion für KdF-Wagen beginnt: Mit 5 Reichsmark pro Woche soll das 990 RM teure Auto für breite Käuferschichten attraktiv werden. **1938**

1.9. Kriegsbedingungen: Nachts Verdunkelung. Hören ausländischen Rundfunks steht unter Zuchthausstrafe. Ausgehverbot für Juden. Willkürliche Erschießungen vermeintlicher Kriegsgegner. – **3.9.** Großbritannien und Frankreich erklären Deutschland Krieg. – **25.9.** Einführung Lebensmittelkarten. – **8.11.** Hitler entgeht knapp Attentat im Bürgerbräukeller in München. **1939**

9.4. Wehrmacht marschiert in Dänemark und Norwegen ein. – **5.6.** Großoffen- **1940**

sive in Frankreich beginnt. – **13.8.** Mit dem „Adlertag“ beginnt Großangriff der Luftwaffe gegen England. – **27.9.** In Berlin unterzeichnen Deutschland, Italien und Japan Dreimächteabkommen. – **15.11.** Deutsche Polizei riegelt in Warschau jüdisches Ghetto mit 400 000 Juden ab.

1941 **22.2.** Verkauf von Lebensmitteln an Juden außerhalb des Warschauer Ghettos mit Zwangsarbeit bestraft. – **12.5.** Erste programmgesteuerte Rechenmaschine der Welt von Konrad Zuse. – **22.6.** Wehrmacht marschiert ohne Kriegserklärung in Sowjetunion ein. – **3.9.** Erstmals Juden mit Zyklon B in Auschwitz vergast. – **15.9.** Entwicklung von Raketen in Peenemünde unter Leitung Wernher von Brauns forciert. – **17.9.** Todesurteile für Hören ausländischen Rundfunks.

1942 **11.2.** Fünzehnjährige Schüler als Luftwaffenhelfer. – **9.4.** Berliner Schweinehändler wegen Schwarzschlachtens zum Tode verurteilt. – **30.5.** 1000 britische Bomber zerstören Köln. – **18.7.** Erstes serienmäßiges Düsenflugzeug Messerschmitt Me 262. – **3.10.** In Peenemünde gelingt Start einer V2, der ersten Fernrakete der Welt. – **22.11.** Rote Armee schließt deutsche 6. Armee mit insgesamt 284 000 Soldaten in Stalingrad ein.

1943 **1.1.** Rückzug der Wehrmacht beginnt. – **2.2.** In Stalingrad gehen über 100000 Soldaten in sowjetische Gefangenschaft. – **18.2.** Goebbels verkündet den „Totalen Krieg“. – Geschwister Hans und Sophie Scholl von Gestapo verhaftet und zum Tode verurteilt. – **16.5.** Aufstand im Warschauer Ghetto endgültig niedergeschlagen. Mehr als 50 000 Juden sind ums Leben gekommen.

1944 **21.5.** Reichsfrauenführerin fordert „Geburtshöchstleistungen“ von den Frauen. – **6.6.** Alliierte Invasion mit 6000 Schiffen und 150 000 Soldaten in der Normandie. – **20.7.** Oberst Claus Graf Schenk von Stauffenberg scheitert mit Attentat auf Hitler. Hitler nur leicht verletzt. Stauffenberg und weitere Offiziere erschossen. – **11.9.** Alliierte Truppen erreichen bei Trier das Reichsgebiet. – **23.11.** Amerikanische Truppen erobern Straßburg.

1945 **30.1.** Hitler ruft zum „Endsieg“ auf, verspricht Einsatz von „Wunderwaffen“. – **5.3.** Wehrmacht beruft alle Jungen des Jahrgangs 1929 zum Kriegsdienst. – **22.4.** Rote Armee dringt in Berlin ein. – **7.5.** Amerikaner setzen Konrad Adenauer als Oberbürgermeister von Köln ein. – **6./9.8.** Abwurf US-amerikanischer Atombomben auf Hiroshima und Nagasaki in Japan. – **2.9.** Ende des Zweiten Weltkriegs in Japan. – **20.11.** Beginn der Nürnberger Prozesse.

1946 **7.3.** Gründung Freie Deutsche Jugend (FDJ) unter Erich Honecker. – **16.4.** Der 1000. Volkswagen seit 1945 läuft vom Band. – **21./22.4.** Vereinigung der KPD und SPD in der SBZ zur SED. – **8.5.** Eröffnung erste deutsche Nachkriegsmesse in Leipzig. – **22.7.** Erste deutsche Soldaten kehren aus UdSSR zurück.

1947 **27.1.** Kältewelle in Europa. – **5.6.** US-Außenminister George C. Marshall fordert wirtschaftliches Aufbauprogramm für Europa und Deutschland (ERP = „Marshallplan“). – **6.6.** Erster Transport ehemaliger Rotkreuzschwestern aus sowjetischer Gefangenschaft trifft im Durchgangslager Friedland (Kreis Göttingen) ein. – **18.8.** Erste „Exportmesse Hannover“ wird eröffnet.

1948 **9.2.** Karl Valentin stirbt. – **2.3.** Ludwig Erhard wird Direktor der Wirtschaftsverwaltung der Bizone. – **14.5.** Staat Israel proklamiert Unabhängigkeit. – **15.9.** Konrad Adenauer wird Präsident des Parlamentarischen Rates.

1949 **4.4.** Gründung NATO. – **23.5.** Verkündung Grundgesetz Bundesrepublik Deutschland. – **14.8.** Wahlen zum 1. Deutschen Bundestag. – **15.9.** Konrad Adenauer (CDU) erster Bundeskanzler der Bundesrepublik Deutschland. – **7.10.** Gründung Deutsche Demokratische Republik (DDR).

8.2. Volkskammer billigt die Bildung des Ministeriums für Staatssicherheit. – **21.7.** Zirkuselefant stürzt aus Wuppertaler Schwebebahn und übersteht den Sturz unverletzt. – **3.12.** In der „Quick" erscheint erste Folge der Comic-Serie „Nick Knatterton" von Manfred Schmidt. **1950**

15.2. Der Bundesgrenzschutz als Sonderpolizei des Bundes wird geschaffen. – **6.3.** Bundesrepublik erhält begrenzte Souveränität zurück. – **19.4.** Erste Internationale Automobilausstellung in Frankfurt/Main. **1951**

24.1. Mutterschutzgesetz tritt in Kraft. – **1.3.** Rückgabe der Insel Helgoland an Bundesrepublik. – **15.5.** Wernher von Braun präsentiert in den USA das Projekt einer bemannten Marsexpedition. – **24.6.** Erste Bild-Zeitung umfasst 250 000 Exemplare. – **26.12.** Ausstrahlung der ersten „Tagesschau" im Fernsehen. **1952**

5.3. Stalin stirbt an den Folgen eines Schlaganfalls. – **6.–17.4.** Bundeskanzler Konrad Adenauer besucht zum ersten Mal die USA. – **10.5.** Chemnitz wird in Karl-Marx-Stadt umbenannt. – **29.5.** Erstbesteigung des Mount Everest durch Edmund Hillary und Tenzing Norgay. – **2.6.** Krönung Elizabeth II. von Großbritannien. **1953**

4.1. In Duisburg werden die ersten Parkuhren der Bundesrepublik aufgestellt. –**29.9.** Erste deutsche Familienserie im Fernsehen „Unsere Nachbarn heute abend: Familie Schölermann" geht auf Sendung. – **1.11.** Beginn der ARD. **1954**

1.3. Deutsche Lufthansa nimmt planmäßigen Luftverkehr auf. – **27.3.** Erste Jugendweihe in Ost-Berlin. – **9.4.** Premiere des Films „Jenseits von Eden" mit James Dean. – **18.4.** Albert Einstein stirbt in Princeton/USA. – **9.5.** Beitritt der Bundesrepublik zur NATO. – **16.7.** In Kassel wird die erste „documenta", eine Ausstellung zeitgenössischer Kunst, eröffnet. **1955**

2.1. Einberufung der ersten Bundeswehr-Soldaten. – **3.1.** Beginn des offiziellen Programms des „Deutschen Fernsehfunks" in der DDR. – **5.1.** Die ersten 50 Gastarbeiter aus Italien treffen ein. – **27.9.** Premiere des Films „Die Halbstarken" mit Horst Buchholz und Karin Baal. – **23.10.** Beginn des Volksaufstandes in Ungarn. **1956**

1.3. 45-Stunden-Woche wird eingeführt. – **18.6.** Verkündung des Gesetzes über die Gleichberechtigung von Mann und Frau. – **4.10.** UdSSR starten ersten künstlichen Erdsatelliten „Sputnik1". – **23.10.** Bundesgerichtshof erkennt Züchtigungsbefugnis der Lehrer gegenüber Schülern grundsätzlich an; sie sollte jedoch nur in Ausnahmefällen angewendet werden. – **1.11.** Die Prostituierte Rosemarie Nitribitt wird ermordet. **1957**

3.–6.2. Erich Honecker wird Mitglied des Sekretariats des ZK und des Politbüros der SED. – **14.3.** ARD strahlt erste Sendung der Krimi-Serie „Stahlnetz" aus. – **29.5.** Abschaffung Lebensmittelkarten in der DDR. – **1.10.** Elvis Presley trifft als Wehrpflichtiger in der Bundesrepublik ein. – **9.10.** Papst Pius XII. stirbt, sein Nachfolger wird Papst Johannes XXIII. **1958**

7.4. Premiere des Spielfilms „Hunde, wollt ihr ewig leben!", eine Aufarbeitung der Schlacht um Stalingrad 1942/1943. – **17.8.** Bayerischer Rundfunk sendet erstmals den „Komödienstadel" im Fernsehen. – **29.10**. Erste Folge „Asterix der Gallier" erscheint in französischer Zeitschrift. **1959**

31.3. Erstes Autokino in Frankfurt eröffnet. – **23.5.** Israelischer Geheimdienst verhaftet ehemaligen SS-Obersturmbannführer Adolf Eichmann. – **21.6.** Armin Hary läuft als Erster die 100-Meter in 10,0 Sekunden. – **8.7.** Schrittweise Einführung der 40-Stunden-Woche. – **18.8.** Erste Antibabypille auf dem Markt. – In Hamburg treten erstmals „The Beatles" auf. **1960**